朝日大学産業情報研究所叢書 12

地域アイデンティティを鍛える

観光・物流・防災

畦地真太郎
米田真理 編著
中垣勝臣

成 文 堂

はしがき

　2001年1月1日，21世紀という新たな百年紀と，3千年紀という新たな千年紀とが幕を開けた。1000年前は言うに及ばず，100年前と比べても21世紀の現代は大きく進歩した。次の100年は，次の1000年は，科学や技術の進歩によってどのような時代になるのだろうか。20世紀に夢みた宇宙旅行は実現しているのか。病苦なく健康で長寿を全うできるのか。事故や災害から解放され安全な生活が保障されるのか。あるいは社会改革の進展により自由や平等が浸透し貧困や差別がなくなるのか。戦争のない世界，平和で幸福な社会を実現しているのだろうか。いったいわれわれはどこを目指して新しい時代を生きているのだろうか。

　21世紀も早くも15年が経った。科学や技術は間違いなく進歩している。身近なところでは，ガソリン・エンジンに代替する動力で走る自動車の実用化は，19世紀の技術から21世紀の技術への転換である。車輪で走る鉄道から車輪を必要としないリニアモーターカーの実用化も同様である。生命医療科学や航空宇宙の分野でも進展が著しい。他方で，特に社会的側面においてはまだまだ課題山積だ。戦争，災害，貧困，差別，格差などの解決は有史以来の課題となっている。望ましい社会，理想的な未来の実現に向けてすべきことは多い。いったい，われわれに何ができるのか，われわれは何をすべきか。1000年先はともかく，100年先の未来を築くための例えば10年単位の活動計画は可能だし，東京オリンピックが開催される2020年もひとつの契機となるだろう。

　さて，2011年4月，朝日大学産業情報研究所の萌芽的研究として『地域と観光の未来』と題する研究プロジェクトが始まった。失われた20年ともいわれる長期的な経済不況のなかで，地域の社会や経済が停滞し衰退していくなかで，こうした地域は今後どうあるべきか，どうすべきか，岐阜県美濃地方に勤務するわれわれも地元瑞穂市を念頭に思考を巡らせる。ひと月前の

2011年3月には東日本大震災を経験していた。当時われわれは予測不可能な悲劇と苦悩と混乱との中で，未来を模索していた。この現実を直視し，復興させ，再生させ，さらに夢と希望と幸福に満ちた未来を築く必要性を痛感していた。そのためにも，地域社会にとっての安全や防災への取り組みが激しく意識されていた。

　他方で，21世紀に入って始まった観光立国をめざす政策が，10年を経過していた。取り組みの進展とともに実際に訪日旅行者数が増大しており，停滞する製造業に対して成長を期待される観光産業の今後の展開や，外国人観光客の誘致方法，国や自治体の政策，観光産業・物流業界の成長戦略や連関効果など，観光のもつ将来性にわれわれは大きな関心を寄せていた。また観光が地域の社会や経済に対して及ぼしうる影響や役割という，両者の関連性についても関心があった。ただし地域（再生）と観光という二つの問題関心は決して強く結びついていたわけではなく，したがって地域観光や観光地域を検討するのではなく，接点を模索しながらも，あくまでも同時に二つの別個の主題を立てて研究をおこなってきた。

　しかし4年にわたる研究会等での議論を通じて，観光は国策であるとともに，地域の問題でもあるとの認識が強まっていった。すなわち，特に第5章で論じているように，観光客の誘致や観光資源の発掘・創生・維持・育成も，すべては地域が内包する特色や魅力と深く関係しているのである。では地域の魅力とは何か。結局のところそれは地域住民が地元に誇りと愛着をもって生活し，行動することに根差しているものである。逆に，そこに暮らす人々でさえ誇りや愛着を抱けないような地域には，外部から観光客が訪れることはありえない。地域に暮らす人々が誇りと愛着をもち続けるためには，地域アイデンティティを確立し，あるいは再確認して，さらに絶えず鍛錬することが必要であるとの結論に至った。

　こうしたことから本書のタイトルは「地域アイデンティティを鍛える―観光・物流・防災―」に決まった。5年後の2020年には東京オリンピックが開催され，多くの外国人が日本を訪れるだろう。そのとき地域は魅力的か，外

国人観光客はその魅力を求めてそこに足を運ぶのか。そのためには地域アイデンティティを鍛えておく必要がある。だが同時に，その行為はそこで暮らす人々が地域に誇りを抱くことであり，地域住民の精神的幸福に直結する。本書が地域アイデンティティを鍛えるための一助となり，100年先の次代に継承されるべき，住民が誇りをもって暮らす理想的な地域社会つくりに貢献することを願う。

本書の構成と概要

　第1章「地域間交流と相互理解に果たす地尊心（ちそんしん）の役割」では，「地域を知り，誇りを持ち，価値を信じる心」である"地尊心（ちそんしん）"を論ずる。個人が自己の中に絶対的な感情として持つ，「自分が価値のある人間である」と信じ「そこにいて良い」と考える確信を自尊心（基本的自尊感情）と呼ぶが，この概念が地域に対しても適合するとされ，地尊心と名付けられる。地尊心の高い地域は，自地域の価値を信じ，よく知っているために，他地域に対して真の姿を包み隠さず見せることができる。それにより他地域との安定した，ホスピタリティのある関係を構築することが可能である。人口減少社会の中で，地尊心の高さが地域を維持・発展させる鍵であるとし，その方法についても心理学的な側面から言及している。

　第2章「観光立国への課題」では，日本が観光一流国になるための課題について論ずる。観光一流国を目指すためには，長期的視野に立ち，量だけではなく，質の向上を図っていかなければならない。訪日外国人旅行者に関わるさまざまな要素を有機的に結びつけ，トータルとしての観光総合力を高めていく必要がある。課題となるのは，日本人の意識の国際化である。観光を通してダイバーシティを認識していくことができるようになれば，それはグローバル化社会を生き抜いていくための好ましい第一歩といえよう。

　第3章「観光政策に関する近年の整備拡充と今後の課題」では，観光立国を実現するために採られている諸政策を紹介し，その後，今後の問題点を提案する。観光立国推進基本法は観光を21世紀の日本の重要な政策の柱とし

て明確に位置づけている。政府は観光立国の基本的施策として，国際競争力の高い魅力ある観光地の形成，観光産業の国際競争力の強化及び観光の振興に寄与する人材の育成，国際観光の振興，観光旅行の促進のための環境の整備に必要な施策を講ずることを示している。

第4章「国内における観光と物流事業―消費者物流と観光の接点―」では，物流と観光の関係性に関して以下の3視点から論ずる。第1に，国内における観光と物流事業について主に消費者物流と観光の接点から検討する。具体的には，観光研究に関する交通と物流の接点，交通事業からみた観光，物流事業からみた観光，物流における消費者物流の位置づけ，スポーツレジャーと物流である。第2に，海外からの観光と物流について，観光客と物流の現状，観光客と国際宅配便，日本にくる外国人観光客の購入からみた物流，北九州における家電の事例，手ぶら観光と物流などを考察する。最後に，新しい観光に対する新サービスの展開，産業観光資源としての物流，物流センターの観光地化の可能性など，今後の国内における観光と物流事業を展望する。

第5章「取り戻せ，地域の誇り―桑名「水郷舟めぐり」を追って―」では，三重県桑名市の観光事業「くわな水郷舟めぐり」を取り上げ，地域の歴史文化に根ざした観光の意義について論ずる。桑名は木曽三川が伊勢湾に注ぎ込む地点に位置し，かつては海路と河川を利用した物流の拠点として繁栄したが，戦後，その歴史はほとんど意識されてこない。だが，平成初頭から舟運の観光化の機運が高まり，紆余曲折を経て，平成24年度に市主催の事業が始まる。舟運の歴史などの"地域アイデンティティ"は，地域間の結びつきを強くするとともに，個人の生き方に対しても有効に機能すると考えられる。

第6章「産業遺産の観光資源化―イギリス産業革命と工業化の足跡を辿る―」では，地域アイデンティティの形成との関連で，産業遺産の観光資源化について，イギリスの産業遺産を訪れた調査にもとづいて検討する。産業遺産はその地で暮らす人々の活動や歴史を象徴するものであり，地域アイデンティティを醸成する地域の誇りでもある。イギリス産業革命期の産業遺産の探訪を通じて，遺産を安直な観光資源とすべきでなく，保護・修復・維持

することにより地域の人々の誇りとすることが最も重要であると結論する。

　第7章「災害時に途絶しない所在確認のための通信手段」では，地域防災に焦点を当てている。地域の特性や，発災時の地域住民の行動をよく知ることなしには，災害に対応した計画や地域づくりを行うことはできない。本章では，瑞穂市における直下型地震の発災を想定した災害図上訓練を行うことにより，発災直後に稼働する安否確認のための情報通信システムの必要性を確認する。さらに，瑞穂市に適応するシステムの構成を検討することにより，全国どの地域へも適用可能な汎用のシステムのあり方を探り，提案する。

　第8章「かきりんしってる？―瑞穂市イベント会場での市政広報への意識調査―」では，イベント会場に参集した市内外の住民に対して調査を行うことにより，マスコットキャラクター"かきりん"のイメージについて検証する。全般的に，かきりんは好意を持たれているが，その知名度は低いことが判明する。その原因は，市の宣伝戦略の弱さに起因するのではないかということが，回答者の自由回答の結果を分析することにより明らかとなる。今後の市の広報戦略と，その際のメディアの効果的利用に役立つよう，提案をおこなう。

　最後に，本書の刊行にあたっては，朝日大学宮田淳理事長，大友克之学長には並々ならぬ暖かいご支援を賜った。歴代産業情報研究所長はじめ同僚諸氏からは叱咤激励をいただいた。また，成文堂編集部の飯村晃弘氏には厳しい発行スケジュールのなか，我々の無理なお願いにご尽力いただいた。記して感謝の意を表明したい。

編者

目　次

はしがき

第1章　地域間交流と相互理解に果たす地尊心（ちそんしん）の役割 …………1

第1節　地域表象の心理学 …………2
1. 地域表象とアイデンティティ …………2
2. 地域表象の差異 …………3

第2節　岐阜の地域自己ステレオタイプ …………4
1. "大野伴睦"像 …………4
2. 地域ブランド力調査 …………6

第3節　地尊心；地域の誇りを考える …………7
1. 自尊心 …………7
2. ジョハリの窓 …………8
3. 自己開示と自尊心 …………9
4. 地域と自尊心 …………10

第4節　地尊心と地域ホスピタリティ …………11
1. ホスピタリティ …………11
2. 地域ホスピタリティの向上と地尊心 …………13
3. 地域自己ステレオタイプに囚われない地域おこし …………14

第5節　地域を知ることと地尊心 …………15
1. 地域を聴く …………16
2. 良いことを聴いて地尊心を高める …………17

第6節　まとめ …………19

第2章　観光立国への課題 …………22

はじめに …………22

第1節　観光立国で用いられる尺度 …………23

　　　　1　訪日外国人旅行者と訪日外国人観光客……………………………… 23
　　　　2　訪日外国人旅行者数の推移…………………………………………… 24
　　第2節　観光立国への政策とその担い手……………………………………… 26
　　　　1　観光立国への政策……………………………………………………… 26
　　　　2　観光立国の担い手……………………………………………………… 26
　　第3節　観光総合力の国際比較………………………………………………… 30
　　　　1　観光総合力……………………………………………………………… 30
　　　　2　観光総合力指標………………………………………………………… 31
　　　　3　日本の旅行・観光競争力指数………………………………………… 33
　　第4節　観光一流国への道……………………………………………………… 39

第3章　観光政策に関する近年の整備拡充と今後の課題……… 46

　　はじめに…………………………………………………………………………… 46
　　第1節　国土交通省・観光庁による観光統計の整備………………………… 47
　　　　1　観光統計の整備………………………………………………………… 47
　　　　2　観光関連統計と経済効果推計の関係………………………………… 50
　　第2節　観光・地域振興のための様々な行政レベルでの施策……………… 55
　　　　1　観光振興のための施策と条例………………………………………… 55
　　　　2　観光地域づくり実践プランの実施…………………………………… 61
　　むすびに…………………………………………………………………………… 63

第4章　国内における観光と物流事業
　　　　──消費者物流と観光の接点──……………………………………… 66

　　はじめに…………………………………………………………………………… 66
　　第1節　観光と物流事業………………………………………………………… 66
　　　　1　観光研究に関する交通と物流の接点………………………………… 67
　　　　2　交通事業からみた観光………………………………………………… 68
　　　　3　物流事業からみた観光………………………………………………… 69
　　　　4　物流領域における消費者物流の位置づけ…………………………… 71
　　　　5　スポーツレジャーと物流……………………………………………… 72
　　　　6　高速道路と物流・観光の関係………………………………………… 72
　　　　7　空港における物流……………………………………………………… 73

8　観光施設としての高層建築物内での配送……………………………74
　第2節　海外からの観光と物流………………………………………………74
　　　1　観光客と物流の現状………………………………………………74
　　　2　観光客と国際宅配便………………………………………………74
　　　3　日本にくる外国人観光客の購入からみた物流…………………75
　　　4　北九州における家電の事例………………………………………76
　　　5　手ぶら観光と物流…………………………………………………77
　　　6　北海道国際輸送プラットホームの取り組み……………………79
　第3節　今後の観光と物流との関わり方……………………………………82
　　　1　新しい観光に対する新サービスの展開…………………………82
　　　2　産業観光資源としての物流………………………………………82
　　　3　物流センターの観光地化の可能性………………………………83
　　　4　外国人の嗜好による観光客増……………………………………84
　　　5　今後の国内における観光と物流事業……………………………85

第5章　取り戻せ，地域の誇り
　　　――桑名「水郷舟めぐり」を追って――……………………88

　はじめに………………………………………………………………………88
　第1節　水運事業の観光化と"地域アイデンティティ"……………………89
　　　1　観光舟めぐりの歴史的背景………………………………………89
　　　2　大垣の舟めぐり……………………………………………………92
　　　3　"地域アイデンティティ"としての水運の歴史…………………96
　第2節　桑名市主催「桑名水郷舟めぐり」までの道のり……………………97
　　　1　桑名の舟運の変遷…………………………………………………97
　　　2　舟運の観光化に向けて――くわなリバークルーズ社の足跡――………99
　　　3　観光振興プランの策定……………………………………………104
　第3節　「桑名水郷舟めぐり」の実績…………………………………………105
　　　1　舟めぐりのコースと特徴…………………………………………105
　　　2　舟めぐりの実績……………………………………………………109
　第4節　「桑名水郷舟めぐり」の展望…………………………………………112
　　　1　民間の希望…………………………………………………………112
　　　2　行政への期待………………………………………………………116
　結び　地域と観光の未来のために……………………………………………119

第6章　産業遺産の観光資源化
——イギリス産業革命と工業化の足跡を辿る——……123

はじめに …………………………………………………………………123
第1節　産業遺産は地域の誇り ………………………………………124
　1　オブジェとしての産業遺産………………………………………124
　2　地域アイデンティティとしての産業遺産………………………125
　3　地域の誇りを観光資源にする……………………………………125
　4　外国人観光客にも地域を誇る……………………………………126
第2節　ヨーロッパの産業遺産 ………………………………………127
　1　ヨーロッパの工業化——産業革命——…………………………127
　2　世界遺産……………………………………………………………128
　3　ヨーロッパ産業遺産の道…………………………………………129
第3節　イギリスにおける産業遺産と観光 …………………………130
　1　イギリス産業革命の足跡を辿る…………………………………130
　2　マンチェスター科学産業博物館…………………………………131
　3　繊維の道を辿る……………………………………………………133
　4　製鉄の道を辿る……………………………………………………138
　5　動力としての蒸気機関の原点を辿る……………………………140
　6　小括…………………………………………………………………142
おわりに——日本の産業遺産をヨーロッパ産業遺産の道に
　　　　　つなぐ——……………………………………………………144

第7章　災害時に途絶しない所在確認のための通信手段……146

第1節　背景 ……………………………………………………………146
　1　正常性バイアスを避ける準備の重要性…………………………147
　2　研究地域の設定と概要……………………………………………148
第2節　瑞穂市における直下型地震の被害想定 ……………………149
　1　災害図上訓練（以下，DIG；Disaster Imagination Game）の概要……150
　2　瑞穂市地域の特徴…………………………………………………152
　3　瑞穂市における直下型地震発災後の被害と避難………………153
　4　まとめ………………………………………………………………155

第3節　被災者のメディア利用のニーズと問題点……………………155
　1　東日本大震災時の避難者の情報行動………………………155
第4節　途絶しない安否確認システムの提案……………………157
　1　想定される使用と要求する仕様……………………………159
　2　通信部のハードウェア構成…………………………………160
　3　通信部のソフトウェア構成…………………………………160
　4　消費電力と通信可能な時間…………………………………161
　5　解決すべき課題………………………………………………162
第5節　今後の展望と課題……………………………………163
　1　システムの設計と実装………………………………………163
　2　通信機能の実証………………………………………………163
　3　防災訓練を通じた実用性の検証……………………………164

第8章　かきりんしってる？
——瑞穂市イベント会場での市政広報への意識調査——……………………167

第1節　調査の概要……………………………………………167
　1　かきりんと瑞穂市の概要……………………………………168
　2　地域イメージに関する先行研究……………………………169
　3　調査概要………………………………………………………170
第2節　方法……………………………………………………170
第3節　質問紙…………………………………………………172
　1　回答者の属性を測定する項目………………………………172
　2　かきりんのイメージに関する項目…………………………173
　3　瑞穂市について知りたい情報………………………………173
　4　瑞穂市のホームページを見る状況…………………………174
第4節　回答者概要……………………………………………174
　1　居住地の市内外………………………………………………174
　2　回答者の性比…………………………………………………174
　3　回答者の年代…………………………………………………175
第5節　かきりんのイメージ…………………………………175
　1　かきりんの認知率と好意度…………………………………175
　2　かきりんを認知したメディア………………………………176

3　回答者居住地（市内・市外）による評価の違い……………………………176
第6節　自由回答の分析について………………………………………………179
　　1　イベントや施設利用についての情報を求めている……………………181
　　2　医療情報，育児情報，防災に関する情報を求めている………………181
　　3　市の宣伝に対する考え……………………………………………………181
　　4　情報提供メディアについての考え………………………………………182
第7節　論議と提言………………………………………………………………182
　　1　瑞穂市自身の効果的な宣伝を考えるべきである………………………182
　　2　情報取得者の求める情報の発信…………………………………………183
　　3　情報提供メディアの刷新…………………………………………………183
　　4　結論…………………………………………………………………………183

第1章

地域間交流と相互理解に果たす地尊心（ちそんしん）の役割

　人口減少社会において，将来的に多くの自治体が消滅するとする，いわゆる「増田レポート」[1]の妥当性・予測性はさておき，多くの地方が過疎化と高齢化に悩まされているのは事実である。そこでは他地域への人口の流出を食い止めることだけではなく，他地域からの新規住民の獲得が求められている。現在，ベッドタウン化などにより人口が増加している地域であっても，将来的には人口減少に転じることが予測される場合もある。なぜなら，そのような地域では都市部への通勤者が，まさに寝るための場所（ベッド）として地域を利用するだけであり，その地域に対する誇りや愛着を持たないからである。高齢期になり，通勤の必要がなくなった場合に，そのような住民が便利な（自家用車の運転の必要が無い）都市部に転居する可能性は高い。ベッドタウンで育った子供たちが他地域（都市部）に就職した場合，同じベッドタウンに居を構える可能性は低い。誰も住まなくなったベッドタウンがゴーストタウンと化し，自治体の負担となるケースも予測されうる。

　地域に住民をつなぎとめておくためには，何がなければならないのか。また，他地域からの住民獲得のためには，何が必要なのか。それには産業の立地などの経済的側面や，子育て支援などの生活上の側面が挙げられる。一方，本章では「地域を知り，誇りを持ち，価値を信じる心」である"地尊心（ちそんしん）"に焦点を当て，その向上が地域への住民定着と，他地域との相互理解に果たす役割を述べる。

第1節　地域表象の心理学

　地域に対して、どのようなイメージを持ち、それがどのように人格の一部となっているかについては個人差が生じる。本節では、アイデンティティの形成に影響を与える地域表象について概括する。

1　地域表象とアイデンティティ

　誰もが「自分がその地域の人間なんだ」と感じることのできる場所や物事、活動や行為を持っている。

　例えば札幌出身の人間であれば、函館本線豊平川橋梁上から見る藻岩山の姿かもしれない（場所）。お気に入りのパン屋のバターパンの味かも知れないし（物事）、札幌まつりの囃子の音かもしれない（活動）。雪の朝、除雪がされていない歩道を、くるぶしまで雪に埋まって歩くこと（行為）も、札幌出身者が故郷を思い出す体験だと言えるだろう。

　このように、地域にまつわる様々なイメージの塊のことを、地域表象と呼ぶ。イメージという言葉が、どちらかというと視聴覚別に心に想起されるものであったり（藻岩山、味、囃子の音、雪）、抽象的なものであったりする一方、表象はそれぞれが複合し作用し合う一連の心的過程であると考えることができる。例えば「札幌は寒い」というのはイメージであるが、「冬の札幌で雪の中を歩いた。くるぶしが冷たく、靴の中は濡れて気持ちが悪かった。子供の頃は平気だったのに、大人になってからは始末に負えなかった」というような、経験にまつわる相対的な心の内容（経験を追体験できる心的内容）が表象であると述べることができる。

　人にとって、地域表象はアイデンティティ（自我同一性）を形成する一要因である。どのような場所に育ち、どのような経験を経てきたかということは、現在の自分がどのような自分であるかという意識（アイデンティティ）を形成する上で、重要な役割を持っている。例えば、札幌出身で冬期に高校の授業

の一環としてスキー学習をした者は，ある程度の雪中行動の基本を身につけ，そこで起こること（気候が急変すると，ゲレンデでも耳を保護しなければ凍傷になる）を知っているだろう。この場合「寒さ（降雪）に警戒する」という人間像が形成される。一方で，暖地で生育したものにとって，寒さに対する警戒というものは培われない。逆に，美濃出身者の「川では泳げるが，淵への警戒を十分にする」ことは，札幌出身者のアイデンティティの中には含まれない。

2 地域表象の差異

　ある個人の持つ地域表象が，その生育歴によって全く異なるのと同様に，ある地域に対する個人の表象が個人間で全く異なるのは当然である。ある地域について，地域内の個人の持つ表象と，地域外の個人の持つ表象が異なることも，同様に当然のことであると言えよう。

　地域表象が地域の内外で異なることについては，肯定的側面と否定的側面がある。

　肯定的側面については，ある地域についての多様な視点を確保することができることが挙げられよう。俗に，地域を活性化させるために必要な人材として「若者，バカ者，よそ者」の存在が挙げられるが，地域資源に対して地域に属する人間では気づかない，多様な解釈をもたらすことができる点が重要であると考えられる。その地域に育った人間にとって，ある地域資源は「当たり前」の表象となっている場合が多い。地域外の人間（よそ者）は，その地域資源についての確たる表象を持たないために，自分の持つ表象の中で解釈を行おうとし，新たな価値を見いだす可能性が高い。世代差によって異なる地域表象を持つ「若者」や，常識にとらわれない地域表象を持つ「バカ者」についても同様のことが言えるだろう。

　一方，否定的側面としては，地域自己ステレオタイプ化［畦地，2011］の問題が挙げられる。これは，自地域に対する画一的で紋切り型の表象を形成してしまうことであり，本来の自地域の姿を覆い隠してしまうものである。そのステレオタイプは，自地域の歴史や文化を知らないことや深く考えたこ

とがないことによるものもあれば，多地域との交流の中で多地域の人間の持つ表象に強く影響されたものもある。例えば Azechi［2006］は，多地域間の大学生がインターネットを用いて交流した結果，岐阜の学生は岐阜を"田舎"と認知する傾向が強くなったことを報告している。

第2節　岐阜の地域自己ステレオタイプ

岐阜県については，強固な地域自己ステレオタイプが見られる。本節では例として，地域の生んだ政治家である大野伴睦のイメージについて論じ，博報堂による地域ブランド力調査の結果を引用しながら議論する。

1　"大野伴睦"像

大野伴睦は，1890年に岐阜県山県郡美山町（現・山県市）に生まれた，自民党所属の代議士である。自民党副総裁や衆議院議長などを歴任し，高度経済成長期を代表する政治家の1人と言ってもよいだろう。その大野夫妻の銅像が，JR東海道新幹線「岐阜羽島」駅前に建てられていることが知られている（図1-1）。

図 1-1　大野伴睦夫妻の銅像
出典：筆者撮影

この銅像は一般的に，当時の大物政治家であった大野が何もない田畑の真ん中に実力で岐阜羽島駅を設置した，"政治駅"であることの象徴であるとされている。本来なら新幹線は通過するだけであった岐阜県の田園地帯に，地元・政治的地盤であることから駅を設置することにより，その権力を誇示し，文字通りの"我田引鉄"によって集票を行おうとした結果であるとされることが多い。

しかし，その大野伴睦に関する表象は，こと岐阜羽島駅の設置に関する限りにおいては，完全に誤りである。

東海道新幹線の建設が，東京オリンピックを前に突貫工事で行われたことは，よく知られている。全路線区間に渡って難工事が予測されるルートを避け，一方では用地買収に困難を極めた事業であった［小野田ら，2007］。

名古屋から関西方面への線路敷設については，最短距離である（そして旧東海道・国道1号線に沿う）鈴鹿峠を越える案が有力であったが，トンネルの難工事が予測されたために，関ヶ原に迂回するルートが決定された。関ヶ原は冬期の降雪により，列車の遅れが懸念された。その場合，優等列車を通過させるための緩行列車の停車駅が必要となる。本来であれば大ステーションである名古屋駅が最適なのだが，用地買収の問題で，ホーム数を増やすことができなかった。よって，関ヶ原から岐阜・愛知側のいずれかの地点に駅を設置することは，新幹線の運行上，必須の要件であった。

これにより，岐阜県内では新幹線駅の誘致合戦が繰り広げられた。東海道本線と同様に岐阜駅を設置する案は，迂回距離が大きくなりすぎるため，高速鉄道としてふさわしくないという理由で却下された。名古屋から直線的に関ヶ原を目指すルートが基本とされたが，大垣市が大垣駅での新幹線開業を誘致した。しかし，地盤の問題や用地確保の問題で頓挫した。羽島市の北部・南部に設置する案が提示されたが，岐阜・大垣市からの交通の確保が困難なことにより，地元自治体・経済界からの猛反発を受けることとなった。一時は，国鉄による測量への協力停止が行われるなどの状況となり，東海道新幹線の予定通りの開業も危ぶまれる事態となった。

6　第1章　地域間交流と相互理解に果たす地尊心（ちそんしん）の役割

　事態を打開するために，国鉄側からの打診により，大野が地域内の調整を図った。最終的には，用地買収がしやすく運行上の利点が大きく地元側の不満も少ない，現地点での設置が決定された［碇，1993；梅原，2009］。

　このように，大野の果たした役割は地域利益の調整であり，決して巷間伝えられるような「政治駅を作った人物」ではない。しかし，現在も岐阜県内で大野の真の業績とは異なる誤った表象が持たれつづけている。この現状には，他地域から見たステレオタイプ的な自地域の姿が影響しているものと考えられる。いわゆる55年体制の立役者であり，また右傾的な政治姿勢と豪腕で知られた他地域における大野伴睦像が，自地域における真の業績をねじ曲げてしまっているとも考えられる。

　それでは，なぜ自地域に対する表象が，他地域のステレオタイプにより歪められ，地域自己ステレオタイプ化してしまうのであろうか。

2　地域ブランド力調査

　博報堂は2014年に地域の"属"ブランド力調査として，「自分の地域に対するイメージ」と「他の地域に対するイメージ」の散布図を発表した[2]。このブランド力は，地域に対する評定項目について，高評価を与えた者の割合を指標としている。この調査によると，例えば沖縄県は地域内外からの評価が双方とも高く，「地域の中からも外からも良いイメージが得られている（ブランド力が高い）」ことが示されている。

　岐阜県については，外部から高評価を与えた人の割合は50％を超えているにもかかわらず，内部から高評価を与えた人の割合は30％を下回る。つまり，岐阜県民は自らの居住地域に対して，あまり良い評価をしていない。外部からの評価は中程度以上に高いにもかかわらず，住民自身が地域のことをあまり好きではないということが言えるだろう。

　もし，外部からのステレオタイプの影響が，地域内部の住民の地域表象に影響を与えるのであれば，岐阜県民の岐阜についての表象も，外部の人間の表象と同様に肯定的なものになるはずである。ここには，住民が自らの居住

する地域に対する表象を形成する上での，媒介的な心理要因が含まれているように考えられる。

第3節　地尊心；地域の誇りを考える

本節では，これまで個人の自身についての評価に関する内的過程であるとされてきた自尊心の概念を，地域についての概念に拡張する。

1　自尊心

自尊心（Self-Esteem；自尊感情とも）に関する研究の発達により，その概念の構成は大きく変革しようとしている。ここでは近藤［2007］の議論に従い，自尊心を"基本的自尊感情"と"社会的自尊感情"に分類する。

基本的自尊感情は，他者との比較によるものではなく，自己の中に絶対的な感情として存在するものである。これは生育期における無条件の愛や基本的信頼によって培われると考えられ，自己肯定感や自己受容感に基づくとされる。これは「自分が価値のある人間である」という信念であり，「そこにいて良い」と考える確信と言い換えることもできる。

一方，社会的自尊感情は，他者と比較した際の相対的な感情である。「他人の役に立っている」「自分は優秀である」などの，自己効力感や達成感と密接な関連があるとされている。これは一般的な言葉での"プライド"であると言い換えることもできるだろう。基本的自尊感情と社会的自尊感情は独立しており，基本的自尊感情が高い人物が，かならずしも高い社会的自尊感情を持つとは限らない。逆に，他人の目を気にしながら成果を追い求めるが（社会的自尊感情が高い），自分のしていることに価値を見いだせず空虚な思いをしている（基本的自尊感情が低い）という例を考えることも可能である。

基本的自尊感情は，古典的な意味での自尊心［Rosenberg, 1965］であると考えることができる。自尊心が高い人間は，自分の本当の姿を知っており，それが価値あるものであると考えている。そのため，何かを成し遂げようと

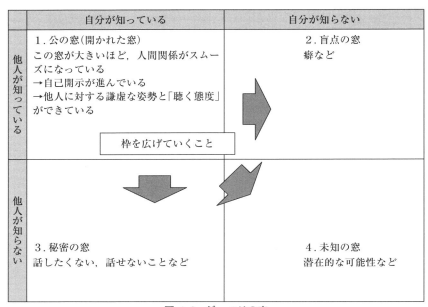

図 1-2 ジョハリの窓
出典：Luft［1961］を元に筆者作成

する意欲が高く，結果が失敗に終わった際にも動機づけの低下が少ない。さらに成功した場合の満足感も高い。

一方，自尊心の低い人物は自分の基本的な価値を信じることができない。よって，自分の本当の姿を知ろうとしないし，もし知っても受け入れようとしない。プライドが高い場合は成果を出そうと行動するかもしれないが，結果が失敗に終わった場合には動機づけを下げてしまう。また，成功した場合の満足度も低くなる。

2　ジョハリの窓

心理学者のジョセフ・ルフトとハリー・インガムは，自分と他人から見た「知っている自分」「知らない自分」を組み合わせて自分の枠組みを知る方法として「ジョハリの窓」を考案した［Luft, 1961］（図1-2）。これは，他人との

コミュニケーションの中で自己開示がどれだけできているかを考えるためのものであり，他人との互いのフィードバックが健全にできているかどうかを考察することができる。

　ジョハリの窓では，自己には「自分の知っている部分」「自分が知らない部分」と「他人が知っている部分」「他人が知らない部分」があると考え，その組み合わせで4つの心の窓が開かれていると考える。1つ目の窓は「公の窓（開かれた窓）」であり，自分が知っているし，他人も知っている。しかし，人の自己像（本章の言い方では自己表象）には，他人が知っているが自分は知らない部分が存在する。この2つ目の窓である「盲点の窓」には，自分の知らない癖や，認知・判断・コミュニケーションの偏向などが含まれる。第3の窓は「秘密の窓」であり，自分は知っているが他人には知らせたくないことが含まれる。第4の窓は「未知の窓」であり，自分も他人も知らないことである。ここには抑圧された秘密が含まれる場合もあるが，肯定的には潜在的な可能性などがあると考えることができる。

　ジョハリの窓の考え方では，第1の窓「開かれた窓」の範囲を広げていくことにより，自己開示を進めることが，人間間の健全なコミュニケーションに重要であると考える。自己開示とは，真の自己を純粋に他者に伝えることにより，深い人間関係を構築する行為である。自己開示をされた人間は，それに対して信頼感を得て，自己開示を返すことになる。こうして，相互に自己開示を行うことにより，信頼感を相互に深め合い，長期的で安定した関係性を築くことに役立つと言える。

3　自己開示と自尊心

　自尊心と自己開示には関連があると考えられる。自尊心の高い人物は，自らの真の姿をありのままに知り，受け入れることができる。よって，自己のうち「自分の知っている部分」の割合が高くなる。さらに，その自己の価値を信じているために，他者に対してありのままを伝えていくことが可能である。つまり，「開かれた窓」の範囲が広くなり，自己開示により他者との安定

した関係を構築することが可能になる。

　一方，自尊心の低い人物は，自らの真の姿を注視することに恐怖を感じる。なぜなら，自己に価値があるという確信が持てないからである。ある場合は，「開かれた窓」を小さいままにしておき（自己開示をせずに），他者との希薄な関係性に留まるかもしれない。一方，プライドが高い場合には，他者の視線に迎合する「偽りの自己」によって，偽りの「開かれた窓」を拡大する可能性もある。これは，一時的には他者の目から「開かれた窓」が広がっているように見える。だが，そこに呈示されたのは「真の自己」ではないために，長期的な関係の中では偽りが明らかになり，他者からの信頼を失い，人間関係が破綻することと考えられる。

4　地域と自尊心

　自尊心がアイデンティティの根幹に関わる自分自身の表象に関連する概念であるならば，アイデンティティを形成した地域表象に関連しても，自尊心と似たような概念が構築できないだろうか。ここでは，地域住民の地域に対する自尊心が高い地域と低い地域を考えたい。

　地域に対する自尊心の高い地域では，住民は自分の地域の真の姿に対して，ありのままに知っている。地域には愛着を感じるべき優れた点もあるが，様々な問題も含まれる。自尊心の高い地域では，肯定的・否定的な側面すべてを合わせて，自分たちの愛するべき地域として，その姿を知っている。さらに，地域は唯一無二の存在であり，その価値の高さについての確信を抱いている。このような地域では，自地域についての様々なこと（歴史・文化だけではなく，生活・政治・経済的な動向も含めて）を住民が深く知っている。そして，そのありのままの姿を「開かれた窓」として，他地域の住民に自己開示することができる。他地域の住民は，その姿に触れて，自地域についての開示を行う。こうして，信頼関係で結ばれた地域同士では，安定的で長期的な関係を築くことができる。

　一方，地域に対する自尊心の低い地域では，住民は自分たちの地域につい

て知ろうとしない。なぜなら，自分たちの地域について，価値があるという確信が得られないからである。知ろうとしないために，地域の歴史・文化や，地域のニーズ（自分たちが何を欲しているのか）についても理解できない。一方で，他の地域からどのように見られているのか，比較するとどうなるかという"社会的自尊感情"に類する点についてのみを気にする。しかし，実際には他地域と対等に関係性を保つという動機づけは低い。それは，自地域がどのような場所なのかを理解できていないために，他地域との対等な関係を結ぼうにも結ぶことができないかららである。このような地域では，他地域の住民や"よそ者"に対する排他的な態度が形成され，旅行者や新住民を受け入れようとしない気質が形成される。

　本章では，地尊心という新たな概念を提案する。以上に挙げたとおり，地域に対する自尊心には，個人の自尊心と同様に高低があり，その地域全体の行動や態度を特徴付けると考えられる。こうした，地域住民の地域に対する自尊心を，地尊心と呼ぶこととする。

第4節　地尊心と地域ホスピタリティ

　地尊心を地域のホスピタリティの概念から説明し，どのように地域おこしに関連づけられるかを探る。

1　ホスピタリティ

　服部［2006, 2008］は，"ホスピタリティ"という概念について広汎な考察を行い，特に混同されやすい"サービス"概念との対比と定義を行った。

　服部によると，ホスピタリティとは主客同一し，相互満足をすることにより，価値共創をする行為である。ホスピタリティには「相互性の原理と多元的共創の原理からなる社会的倫理」である"広義のホスピタリティ"と，それに包含される「相互満足しうる対等となるにふさわしい相関関係を築くための人倫」である"狭義のホスピタリティ"に分かれる。

一般的な（広義の）サービスとは，狭義のホスピタリティと狭義のサービスが複合した概念である。狭義のサービスは，経済上の等価価値交換に基づき，「有形・無形を問わず事物において機能や機能の過程を提供すること」である。
　この概念を簡単に，事例を交えて整理する。一般的にサービスと呼ばれる広義のサービスは，狭義のサービスと狭義のホスピタリティの複合体である。例えばホテルに泊まったときに，室内の調度品が高級だったり，従業員の応対が丁寧だったりする。これは，もしそれに値するだけの宿泊料を支払っているのであれば，狭義のサービス，すなわち等価価値に該当する部分となる。なぜなら，ただ部屋で眠るだけという機能を得るためであれば，より安価なカプセルホテル等に宿泊すれば事足りるはずであり，それ以上の機能を求めるからこそ，高価な宿泊料を支払っていると考えられるからである。そこにあるのは，得られた機能が対価に相当するかという評価のみである。
　一方，従業員の気遣い，例えば連泊した客が初日にバスタブを使った形跡がないようであれば，バスマットを最初からシャワーブース前に移動しておくなど［井上ら，2007］，対価以上の付加価値，相手に感動を与えることのできる機能の付与がホスピタリティに当たる。ホスピタリティは金を払ったから買えるというものではなく，対価以上の満足を与えるものである。また，与えられた客側が，その気遣いに気づくことがなければ感動も満足も与えられることがないという点で，相互共創的なものであるとも言える。
　このようなホスピタリティは，金を払っている立場（客）と機能を提供する立場（主）の間に差や壁がある状態では生まれない。そこに必要なのは，主も客も対等な人間関係となり，互いにどのようにすれば相手が感動・満足するのかを慮ることである。主客が相互に，自分が求めること，相手が与えようとすることに気づき，それを享受し合い，次の人間関係の発展につなげていくことによってのみ，ホスピタリティは生じ，継続していく。これは，自己を知ることにより，他者との違いを認め，他者の違いを受け入れていくことでもある。これにより，経済的には「リピーター客の獲得」という機能が生じる。しかし，それ以上に人と人との緊密な結びつきが発展していき，そこ

から広義のホスピタリティである多元性を認めた社会倫理へと発展していく。

2　地域ホスピタリティの向上と地尊心

　様々な地域において，地域おこしの活動やイベントが盛んである。その多くは，他地域からのリピーター客をつなぎとめ，地域経済を振興していくところに目的がある。しかし，それが単発の話題づくりに終わってしまったり，イベントが終了すると他地域とのつながりが薄れてしまう場合が多い。

　例えば，昨今流行している地域グルメによる地域おこしを例としてみる。地域グルメイベントへの出品により入賞をすると，一時的に，その地域の食が注目される場合がある。しかし，そのメニューが，そのイベントに出品するためにだけ作られたものだった場合はどうだろうか。例えば，その地域の多くの人が馴染みを持っていたりアイデンティティを感じたりする食材ではなく，一部の人たちだけが食べているものである場合。あるいは，過去に名物とされていたものや，単純に生産量が多いだけの産品が，他地域からやってきたコンサルタントやフード・コーディネーターの手により，イベントに勝つためのメニューへと変容していく場合。これらの場合，せっかくそのメニューが入賞し，他地域の人たちが食べに来るようになったとしても，肝心の地域住民にとっては知られてもいないし，愛されてもいないことになる。地域住民にとって，それは自分たちの地域や，自分たち自身を示す料理とはならない。よって，一部のイベントに関わった者たちのみが維持することになり，地域全体からは飽きられてしまう。また，観光者もイベントに出品された他地域の料理と目先が変わっただけのメニューに対し，どこにでもある物としか思えなくなる。よって，ブームは生じたとしても一過性の物に終わる。その地域と他地域の間には，対等で永続的な関係性は築けない。

　これは，地域におけるホスピタリティが少なく，地尊心が低いことから生じる結果だと考えられる。地尊心の高い地域では，住民は地域で何が食べられており，それがどのような歴史や文化的な背景を持つのかに興味を持ち，

知ろうとしている。また，地域特有の食を知るということは，他地域の食についても興味を持って知っているということである。

　地尊心の高さから来るこれらの一連の行為は，ホスピタリティの根元である，他者（他地域）と対等な立場に立ち，互いの差異を認めつつも尊重しようという態度の表れでもある。地尊心の高い地域においては，他地域に対してホスピタリティを発揮することが可能になる。これにより，他地域と安定して対等な関係を築き，経済的にはリピーター客を獲得することが可能になっていく。

3　地域自己ステレオタイプに囚われない地域おこし

　地尊心の低い地域における地域おこしは，狭義のサービスである，金銭を媒介とした等価価値交換に留まる場合が多い。なぜなら，地域資源に対する価値を信じることができないために，それを金銭的な価値に還元するしかないからである。金銭を受け取り，それに対応する機能を提供するだけの関係性においては，地域は相手の持っているイメージに合わせ，おもねるようになる。つまり，他地域の持つ地域ステレオタイプに，自分たちの地域のイメージを合わせ，その姿へと自分たちを変えていこうとする。すなわち，地域自己ステレオタイプを強化する方向へと活動していくことになる。

　例えば，田舎であり，"変わった風習"を持つことをステレオタイプ化された地域においては，変わっているという点だけが，他地域と交流をする点になる。本来であれば，あらゆる地域はそれぞれ全て変わっており，その差異を受容し合うことが，対等で安定した地域間の関係（互いにホスピタリティを発揮する関係）になるはずである。しかし，他者から（あるいは都会の目から見て）変わっている点のみを強調することにより，本来の地域に備わる重要な歴史・文化が蔑ろにされ，消されていくことにもつながりかねない。

　例えば，テレビ番組には，ある地域の風俗・習慣が，都市部（あるいはテレビ局の位置する東京）とは異なることを紹介するものがある。しかし，そこにある視点は紹介というよりは，奇異な物・おかしな物として，その風俗・習慣

を嘲弄するものである。例えば，その地域において一部の人間しか食べていない物，ある時代にのみ存在していた習慣，逆に近年になり環境の変化によって生じてきた習慣を，あたかもその地域を代表とする，遅れた習俗であるかのように見なす観点が，そこにある。一方，マスメディアに取り上げられたからということで，その風俗・習慣に合わせて行こうとする動きや，観光資源として用いていこうとする感覚が生じたときに，その地域は他者の目から見た地域自己ステレオタイプに囚われてしまう。本当の地域の姿は，ステレオタイプに埋没し，地尊心は低下し，他地域へのホスピタリティは奪われ，継続的で安定的な主客同一の関係性は奪われてしまう。残るのは，誰からも顧みられることのない滅んだ施設や，名物料理だけとなってしまう。

第5節　地域を知ることと地尊心

　地域の本当の姿を，誇りを持って他地域の人たちに見せる。それが，他地域の人たちと対等な人間関係を作り，長期的で安定した関係を築き，互いに地域の価値を創り上げ高めていくことのできるあり方である。言い換えるならば，地域自己ステレオタイプに陥らず，地域ホスピタビリティを高く持つ地域を作るためには，地尊心の向上が必要である。

　さらに地尊心の向上は，他へ流出していこうとする人々を引き留めることにも役立つ。例えば，ベッドタウン住民が他地域へと流出してしまうケースを考える。冒頭にも述べたとおり，ベッドタウンの住民は日中を都市部で過ごしており，居住地域には寝るために戻るだけである。その地域にどのような歴史・文化があるかを知らないし，知る必要もない。必要なのは，買い物や飲食ができる便利なロードサイド型の店舗であり，都市部と同様なサービスを享受できるマクドナルド化した機能のみが求められる。便利さだけを追い求めるのであれば，老化と共に便利でなくなる（どこに行くにも自家用車が必要な）ベッドタウンを捨て，便利な都市部へと回帰するのは自明であろう。

　一方で，ベッドタウンの子供たちについては，地尊心を向上させられる可

16　第1章　地域間交流と相互理解に果たす地尊心（ちそんしん）の役割

・耳と目と心を十分に使って聴く
図 1-3　聴くことの意味
出典：筆者作成

能性が高い。子供たちはアイデンティティの一部として，ベッドタウンについての地域表象を形成していく。しかし，もしそこに誇りとなるべき（肯定的で信じられる）地域表象が存在しなかった場合，成人後はその親と同様に，便利な他地域へと流出してしまうだろう。ベッドタウンは，この場合にもゴーストタウンと化してしまう。

1　地域を聴く

　地尊心を向上させる，つまり地域の価値を信じ，ありのままの姿を開示させる（地域の開いた窓を拡大する）ためには，何が必要だろうか。それは，地域住民が地域の本当の姿を知っていくことである。これには，非常なエネルギーと，場合によっては苦しみが伴うかもしれない。

　図1-3は，カウンセリングの場で示されることの多い「聴く」という漢字の成り立ちである。なお，これは漢字の語源を示すものではなく，あくまでも例示である。主に"積極的傾聴"という概念で示される「聴く」という行為は，聞くや訊くだけではなく，「耳と目を使った上で心で聴く」ということが示される。カウンセリングの現場では来談者に対して，その心を全身全霊で聴いて寄り添うことが必要とされる。これは，相手を一個の人間として尊

重し，対等な立場で関わり合っていくという，ホスピタリティの精神とも通じるところがある。このような態度で地域のことを聴くことが，地尊心を高める際に求められる態度である。

　地域によっては「他地域に誇るようなものは何もない」とされることが多い。自地域に対して「ここは何もない田舎で」というような地域自己ステレオタイプ的な言説を耳にすることも多い。ベッドタウンにおいても「ここは環境が良いから（便利だから，土地が安いから）住んでいるだけであり，特筆すべき事は何もない」とする言も多い。

　しかし，それは本当なのだろうか？　地域に対して，本当に全身全霊で聴く態度を持って接した上で，その結果として「何もない」と述べているのだろうか。多くの場合は，何一つ聴こうとする態度を持たずに，ただなおざりに「何もない」と述べているに過ぎないのではないだろうか。どの地域にも，その地域なりの特筆すべき場所や人，風景，歴史や文化が存在する。それは，他地域と対等な立場となって比較した場合に，より鮮明に浮き彫りになってくる。「何もない田舎」であるという決めつけは，自地域について当てはまるだけではない。他地域についても聴くことをせず，思い込みによってのみ「何もない田舎」と決めつけていることはないだろうか。

　一方，地域を知ることは，否定的な側面を知ることにもつながる場合がある。例えば，その地域を覆う閉塞感や，将来の見通しの暗さなどである。ここでは，地域について聴き，知ることによって，地域の持つ肯定的な側面を増やしていき，地尊心を高めていく方法について概説したい。

2　良いことを聴いて地尊心を高める

　図1-4は，短期療法と呼ばれる心理療法の場面で用いられる，社会システム論的な図式である。短期療法では，ある人（あるいは集団）を悩ませている問題は，その人（集団）の内部に原因があるのではなく，その人（集団）とそれを取り巻く周囲が一体となって作り出していると考える。問題（例えば，地域に人が来ない）が解決できないのは，それを解決しようとしている行為（偽解決：

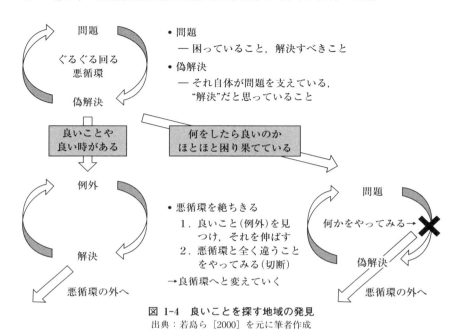

図 1-4 良いことを探す地域の発見
出典：若島ら［2000］を元に筆者作成

例えば，その場限りの地域起こしイベントを単発で行う）が問題を作り出しているからだとする。例えば，例年惰性で行っている地域起こしイベントは，それが地尊心に基づかず，ホスピタリティのない物であった場合には，ますますの客離れを生じさせてしまう。しかし，他に何を行ってよいかを思いつかず，止めると客が来ないのではないかという恐れから，漫然とイベントを継続してしまうことになる（偽解決）。

それに対し，解決法は2種類ある。1つ目は，「良いこと，良い時」を探して，それを伸ばしていくことである。2つ目は，とにかくそれまでにない何かを行ってみることである。いずれにせよ，これらは問題を作り出す偽解決の悪循環の輪から，外に抜け出すための方法である。2つ目の解決法である「とにかく何かをやる」のは，「若者，バカ者，よそ者」が地域を変えていくことに該当するだろう。1つ目の解決法は，地域の良いこと，良かったこと

を聴いていくことに該当する。

　地域の良いところを探すことは，時には困難である。特に，その地域に長く住み続けている者にとっては，良いところは当たり前のことになってしまい，埋没してしまう。一方，悪いところは目につきやすく，時には地域を改善するために役立つが，多くの場合は解決しようのない愚痴と化してしまう（つまり偽解決の悪循環へと陥ってしまう）。

　しかし，その地域に住み続けていること自体に，その地域の良いところが含まれているはずである。地元の人間が大切にしており，そこから離れることができない理由は何なのか。それがたとえどのように些細なことや，あるいは変哲のないことであっても，それに気づくことが，聴くことの第一歩となる。そして，地元の人間（あるいは地元の人間である自分自身）が何を思ってそれを大切にしているのか，どのような価値観を抱いているのかによりそうことが，地域の良いところを聴く第一歩となる。

　その良いところの価値に気づくことができたときに，次は，その価値や誇りを他地域の人々に分け与えることができないかを考えることが必要である。これは「オラがムラは世界一」という価値観を押しつけることではなく，他地域の人間と価値を分かち合い，互いに尊重し，共に創り上げていくというホスピタリティに基づく考えである。そのように，地域の価値を共創していくことで，元々地域に住んでいる人も，他地域の人も，その地域に住んで良かった，あるいは来て良かったと思う地域を作っていくことができるはずである。それは，他者の目から見たイメージに自分たちを合わせて行く，ステレオタイプ的な地域起こしとは一線を画する。

第6節　まとめ

　本章では，人が自分の居住する地域に対して持つ自尊心（Self-Esteem）について，地尊心という言葉で表すとともに，その向上の必要性について述べた。地尊心は，これからの地域を活性化し，住みやすい地域社会を築き，地域同

士が互いに活発に交流していく上で重要な概念となるだろう。それは，自地域の価値を誇り驕り高ぶることではなく，他地域との間に対等な関係を結び，相互に高め合うために必要な概念である。

　そのためには，他地域から押しつけられたステレオタイプ的な地域イメージを自分の物とすることなく，自ら地域のことを良いことを聴いていくことにより，誇りを高めていくことをする必要がある。こうして，多くの地尊心の高い地域が互いに対等な交流をすることができるようになった時に，都市への一極集中が予測される少子高齢社会の流れに負けない，消えない，選ばれる地方が作り出す時代への変革を成し遂げることができるだろう。

引用・参考文献

a．欧文文献
- Azechi, S., Communication among Distance Areas with Alternative Media "POC"（2）：Cultural Representations Varying through the Practices, International Workshop for Social Intelligence Design Proceedings, 2006.
- Luft, J., The Johari Window：A Graphic Model of Awareness in Interpersonal Relations, Human Relations Training News, 5, 1, 6-7, NTL Institute, Arlington, 1961.
- Rosenberg, M., Society and the Adolescent Self-Image, Princeton University Press, Princeton, 1965.

b．和文文献
- 畦地真太郎，かっけばっとはほうとうか？―地域自己ステレオタイプとしての文化―，In：加藤里美・中垣勝臣（編）：全球化社会の深化―異文化をめぐる化合・還元・触媒―，朝日大学産業情報研究所叢書10，129-150，成文堂，2011。
- 碇義朗，「夢の超特急」，走る！　新幹線を作った男たち，文藝春秋社，東京，2007，1993。（初出・単行本『超高速に挑む』・文藝春秋社）
- 井上富紀子，リコ・ドゥブランク，リッツ・カールトン20の秘密～1枚のカードに込められた成功法則，オータパブリケイションズ，東京，2007。
- 梅原淳，鉄道歴史読本，朝日新聞社，東京，2009。
- 近藤卓，自尊感情と共有体験の心理学　理論・測定・実践，金子書房，東京，2010。
- 服部勝人，ホスピタリティ・マネジメント学原論，丸善株式会社，東京，2006。
- 服部勝人，ホスピタリティ学のすすめ，丸善株式会社，東京，2008。
- 若島孔文，長谷川啓三，よくわかる！　短期療法ガイドブック，金剛出版，東京，

2000。

c．Web サイト
［1］日本創生会議，ストップ少子化・地方元気戦略（平成 26 年 5 月 8 日）。
（http://www.policycouncil.jp/pdf/prop03/prop03.pdf）
［2］博報堂，博報堂，人に注目した都道府県の「"属"ブランド力調査」を実施〜31 県が県内よりも県外からのブランド評価が高い結果に〜（2014 年 5 月 19 日）。
（http://www.hakuhodo.co.jp/uploads/2014/05/20140519.pdf）

（畦地真太郎）

第2章

観光立国への課題

はじめに

　近年，日本の進むべき道として，観光立国という言葉がよく聞かれるようになってきた。観光立国とは，インターネットの国語辞典によれば，「国内の特色ある自然環境，都市光景，美術館・博物館などを整備して国内外の観光客を誘い込み，人々の落とす金を国の経済を支える基盤の一つにすること」と解説されており[1]，金銭的な側面が強調されている。そのため，簡単に言ってしまえば観光で儲けるためにはどうすればよいかというテクニカルな議論だけが盛んに行われているが，それだけで十分であろうか。

　まず，本当に観光立国を日本という国の大きな目標としてよいのだろうか。観光が日本経済の大きな柱となれるのだろうか。つぎに，金銭面の貢献は確かに重要であるが，それだけで終わっていいのだろうか。訪日外国人旅行者に焦点をあてて考えれば，金銭面の貢献に加えて彼（彼女）らに良い印象を持って自国に帰ってもらうことはとても重要なことである。別の言葉で言えば，日本人，日本という国を理解し，ファン，サポーターになってもらうことが重要なのではないだろうか。貧しい国の旅行者たちは金銭面に貢献が少ないからと言って軽視すべきではなく，世界の中で日本に好感を持つ国や人々を増やすことこそ長い目でみれば大切なことである。日本が目指すのはその場限りの短期的利益追求でなく，旅行者の心も考慮に入れた観光一流国

への道であろう。

　本稿では，観光立国で用いられる尺度，これまでの観光政策と観光立国の担い手である観光産業を概観すると共に，訪日外国人旅行者に関わるさまざまな構成要素をトータルで表す指標である観光総合力について説明する。さらに，World Economic Forum（世界経済フォーラム：以下「WEF」とする）のレポートを用いて旅行・観光競争力を国際的に比較しながら評価し，観光一流国を目指すにあたっての課題を整理しておく。

第1節　観光立国で用いられる尺度

1　訪日外国人旅行者と訪日外国人観光客

　日本における観光政策について言及する前に，その対象を明確に定義しておく必要がある。観光立国ということで，新聞，雑誌，テレビなどのメディアでは，その対象を「訪日外国人観光客」または「訪日観光客」と表現し，観光目的で日本を訪れる外国人が快適に日本での滞在を楽しめるような取り組みについて報じている。たとえば，外食各社が外国人観光客の取り込みに躍起［日経流通新聞，2010年4月30日］，外国人観光客向けの飲食検索サイトの外国語版［日本経済新聞，2014年6月17日］，外国人観光客に空き家宿泊をネット仲介［日本経済新聞，2014年11月14日］などがあげられる。

　一方で日本を「観光立国」にするとの方針を発表した小泉純一郎総理大臣（2003年当時）は「訪日外国人旅行者」数を2010年までに1,000万人に増やすことを目標に掲げた。ここで述べられている訪日外国人旅行者とは，訪日するすべての外国人旅行者のことを指している。その中には，観光・レジャー目的はもとより，業務（展示会・見本市/国際会議/社内会議/研修/商談などその他ビジネス）目的，親族や知人訪問も含まれている。この「訪日外国人旅行者」と前述の「訪日外国人観光客」は異なっているようにもみえるが，果たして旅行者と観光客との間に違いはあるのだろうか。そこで本稿では，国際連合世界観光機関（United Nations World Tourism Organization：以下「UNWTO」とする）が示

している定義を基に，二つの言葉の意味を明確にしてから議論を進めることとする。

UNWTOによれば，「観光とは，継続して1年を超えない期間で，レジャーやビジネスあるいは他の目的で，日常生活の外に旅行したり，また滞在したりする人々の活動を指し，訪問地で報酬を得る活動を行うことと関連しない諸活動である[2]。」[UNWTO, 2001]。さらに，「観光は旅行の特殊形態の一つである。観光とは，1年を超えない期間で，訪問先で雇用されることを除いた主な目的のために日常生活圏外に旅行することである。このような旅行をする個人は訪問者と呼ばれる[3]。」[UNWTO, 2008]。これらの定義に従えば，旅行者の中に観光客が含まれることになる。訪日外国人観光客の観光とは観光目的で訪日した旅行者といった狭い意味で捉えられており，観光立国の観光とは目的によらず日本を訪れた旅行者のことを指すことになる。訪日外国人に対して業務目的なのか観光目的なのかを識別して我々が対応できないことを考えると，観光目的の外国人だけを対象とした取り組みは考えられないので，外国人旅行者数を増やすことが観光立国につながると考えることが妥当であろう。

2　訪日外国人旅行者数の推移

図2-1には，2003年から2013年までの11年間にどのように訪日外国人旅行者数が推移してきたかについて示した。図2-1から明らかなように，2003年以降訪日外国人旅行者数は順調に伸びたが，2008年9月に米国のリーマン・ブラザーズが破綻し続発的に世界的金融危機が発生したため，2008年後半の伸びがなく，2009年は2006年を下回る結果となった。さらに2011年の東北地方太平洋沖地震により訪日外国人旅行者数は2005年を下回ってしまったが，官民によるさまざまな取り組み（次節以降で説明する）の成果が実り，2013年には小泉元総理が目標とした訪日外国人旅行者数1,000万人を達成した［観光白書，2014］[4]。

観光白書［2014］によれば，2012年の外国人旅行者数の835.8万人はスイ

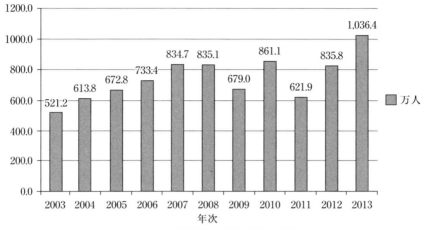

図 2-1　訪日外国人旅行者数の推移
出典：観光庁編『観光白書』［2014］

ス（約857万人）に次ぐ33位（アジアで8位）である。観光立国と言われるスイスとほぼ同じなのは，日本が観光立国の仲間入りを果たしたと考えても良いのかもしれない。しかし外国人旅行者には業務目的の来訪者がいることを考えると，GDPの高い主要国（米国，英国，フランス，ドイツ，日本，中国）との比較を考えていかなければならない。観光白書［2014］によれば，2012年における他の主要国の受け入れている外国人旅行者数は日本とは比較にならないほど多い。英国2,928万人，ドイツ3,031万人，中国5,773万人，米国6,697万人，フランスにいたっては8,302万人もの外国人旅行者が訪れる。外国人旅行者数ではかれば，これらの国々は観光大国である[5]。ただしここで考えなければならないのは，米国と中国は国としてのサイズが日本とは比較にならないほど大きいということである。また英国はヨーロッパのハブとなっており，フランスとドイツはヨーロッパ大陸へ入ってくるための要所である。これらの国の外国人旅行者数には多くの乗り継ぎ数が含まれていることも考慮しなければならない。それらを考えると，四方を海に囲まれた日本の現状は，数字が示すほど悪くないのかもしれない。

第 2 節　観光立国への政策とその担い手

1　観光立国への政策

　小泉元総理の観光立国宣言以来，政府は訪日外国人旅行者数を増やすためにさまざまな観光政策を打ち立ててきた。表 2-1 には，2003 年以降の政府の観光政策をまとめた。観光政策が重要なのは，それが経済の側面と社会生活の側面に影響を及ぼすからである。図 2-2 には，観光政策と経済・社会生活の関係を示した。

　観光政策は社会生活の側面に重要な影響をもたらす。政府が訪日外国人旅行者数の増加を強化する狙いの一つに，日本社会が国際相互理解を積み重ねることで，日本の安全保障や世界平和に貢献するということがある[7]。従って，観光産業に携わる人材はもちろんのこと，日本国民が草の根レベルの国際交流を行っていくという自覚を持つことが重要である。

　また，観光政策は経済振興策とも言い換えられるほど，経済面への影響が大きい。観光振興には雇用効果と経済波及効果があると見込まれている。観光庁の試算によれば，2012 年における訪日外国人旅行者の旅行消費額は 22.5 兆円のうちの 5.7％の 1.3 兆円である[8]［日本観光振興協会，2014］。この時点ではそれほど大きな割合を占めていないが，少子高齢化で全体のパイが小さくなっていくとすると，訪日外国人旅行者による旅行消費額で減少部分を埋めることができると考えているのかもしれない。ちなみに，2014 年における訪日外国人旅行者の旅行消費額は 2 兆円に上り，それは貿易統計によると[9]，メガネやレンズなどの「科学光学機器」の輸出額 2.3 兆円と肩を並べる［日本経済新聞，2015 年 1 月 21 日］。徐々に訪日外国人旅行者の旅行消費額の占める割合が上がってきている。

2　観光立国の担い手

　観光立国の担い手がその国の人々であるのは言わずと知れたことである

表 2-1 政府の観光政策

	観光政策	内容
2003	「Visit Japan」キャンペーン開始	14市場[6]を対象に，訪日のプロモーション活動。
	「観光立国行動計画」策定	小泉総理の施政方針演説による目標（2010年までに訪日旅行者数を1,000万人にする）達成のための計画。「住んでよし，訪れてよしの国づくり」をテーマに観光立国に向けた戦略の推進を柱とした計画が策定・実行。
2006	「観光立国推進基本法」成立	昭和38年の観光基本法を改定し，国家戦略としての観光立国を位置づけた法律。2007年に施行。
2007	「観光立国推進基本計画」策定	「観光立国推進基本法」に基づき策定。これまでの目標に，国際会議の開催件数などの数値目標を設置した5カ年計画。
2008	観光庁を新設	観光立国推進体制強化のために国土交通省の外局として新設。
2010	「Japan Endless Discovery」と「Japan MICE Year」のキャンペーンを実施	「Japan. Endless Discovery」というキャッチフレーズ，「尽きることのない感動に出会える国，日本」という意味で，海外の方々に何度も日本にお越し頂き，その都度，桜に代表される我が国の豊かな自然，あるいは歴史，伝統文化や現代の文化，食，地域の人々の暮らしといった日本の多種多様な観光資源を是非深く知って頂きたいという気持ちを込めている。また2010年をMICE振興の年とした。MICEとは，企業などの会議（Meeting），企業の行う褒賞・研修旅行（Incentive Travel），国際会議（Convention），イベント・展示会・見本市（Event/Exhibition）の総称。
2012	「新観光立国推進基本計画」策定	2007年の計画を引き継ぐ。訪日外国人旅行者数を2016年までに1,800万人を中心に，各種数値目標実現のため計画。

出典：観光庁HP「観光立国推進基本法」，高井・赤堀『訪日観光の教科書』[2014]から筆者作成

が，訪日外国人旅行者を支える重要な柱の一つが観光産業である。観光産業に含まれる業種には衆目の一致する分類法があるわけではないが，表2-2に示すような考え方がある。表2-2には観光産業に含まれる業種を示した。

表2-2に示された内容を見ると，「観光産業」はサービス産業に属しており，

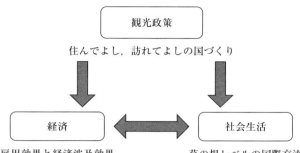

図 2-2 観光政策と経済・社会生活の関係
出典：筆者作成

表 2-2 観光産業に含まれる業種

資料名	業種
世界観光機関（UNWTO）[2008]	宿泊，飲食，鉄道旅客運送，水上旅客運送，運送設備レンタル，旅行会社や他の予約サービス，文化，スポーツ・娯楽，小売
観光庁 [2012]	宿泊サービス，飲食サービス，旅客輸送サービス，輸送設備レンタルサービス，旅行代理店その他の予約サービス，文化サービス，スポーツ・娯楽サービス，小売
経済産業省 [2013]	第3次産業活動指数の「鉄道旅客運送業」，「道路旅客運送業」，「水陸旅客運送業」，「航空旅客運送業」，「道路施設提供業」，「自動車レンタル業」，「宿泊業」，「旅行業」，「公園，遊園地」を総合化した再編集系列である[10]

出典：世界観光機関（UNWTO）「観光統計に関する国際勧告2008」，観光庁HP「観光地域経済調査」[2012]，経済産業省「産業活動分析（平成25年1〜3月期）」[2013] から筆者作成

ホスピタリティを媒介とする事業（「ホスピタリティ産業」とも呼ばれている）であることがわかる。訪日外国人旅行者に対して"おもてなし"という表現が用いられるのはこのためである。また，観光する側から必要とされているものがその範囲となっている。

観光を楽しんでもらうという観点からみると，一番重要な役割を担うのは旅行会社であろう。その仕事は，旅行者の潜在的ニーズを掘り下げて旅行プ

ランをパッケージ化することである。パッケージ化の価値を高めるために，観光産業の周りに位置する観光関連産業（たとえば情報・ICTサービス，金融保険業，放送業，出版業，広告業，地域の特産生産業など）を取り込み，新たな観光ビジネスを生み出すことも必要であろう。観光産業＝観光ビジネスという狭義の定義も存在するが，この場合は観光関連産業を観光産業に含んで捉えているのであろう。

観光ビジネスというと，その中核に文化や自然といった観光資源が頭に思い浮かぶが，工場や遺構，機械器具を対象とした産業観光は既に一般化しており，最近はダムや道路などの土木構造物を見て楽しむ「インフラツーリズム」も注目を集めている［日本経済新聞，2014年10月6日］。このような技術や技能，経験，気質に関するものは，目に見えるものだけでなく目に見えない多種多様なものまでを観光資源に含むと考えると，日本という国そのものが観光資源となる。故に，観光ビジネスの裾野はたいへん広く，多岐にわたった産業から成り立っている。極端な話，日本の産業すべてが何らかの形で観光ビジネスに関わっていると言っても過言ではない。

このような観光ビジネスは，つながりあう企業の組み合わせによりこれまでのルールを変えることもでき，それにより価値が増えていくものでもある。たとえば，日本郵政傘下の日本郵便が中国の旅行大手会社と組み，訪日中国人旅行者に日本土産を宅配するサービスを始めた［日本経済新聞，2015］。これは，中国人が予めネットで購入した日本土産（地域の特産物に加え，日本の家電品や化粧品など）を宿泊先のホテルまで届けるというサービスであるが，これまでにない企業の組み合わせで，新しい価値を創造している。

また，検診・治療などの医療関連サービスへの有機的結合も進められている。具体的には，HISがテーマパークに健康・医療エリアを新設する動きがある［日経流通新聞，2014年12月8日］。高島屋が病院と連携し，人間ドック客を囲い込み商品やサービスの情報を提供しようとしている［日本経済新聞，2015年1月4日］。さらに，主要空港が病院（空港周辺へ出て行くために病院と薬品会社が新会社を設立しようとする動きもある）と組んでがん治療を始める［日

本経済新聞，2015年1月31日］。その他にも，訪日外国人旅行者にも照準をあてて，三井不動産やイオンが「医療モール」をショッピングセンターの中核テナントとして導入し始めた［日経流通新聞，2015年2月2日］[11]。このように観光にあまり縁がないと思われた産業との結合が，新しいビジネスを生み出している。

第3節　観光総合力の国際比較

1　観光総合力

　観光ビジネスを支える社会の仕組みを作っているのは，中央ならびに地方自治体である。公的機関は観光資源の保護，公共インフラの整備や充実に力を注いでいるが，政府のやれることには限りがある。政府の手の回らない観光資源の保護などに尽力するNPO，観光に携わる人材を育成する教育機関の支援なども重要である。このように観光ビジネスに関連している政府，地方自治体，NPO，教育機関などを動かしているのはヒトである。すなわち日本国民であり，日本国民の教育レベル・経済レベルが深く関わっている。

　これらのことより，観光ビジネスには政治，経済，文化，生活などが多岐にわたって密接に関わっていることがわかる。すなわち，政府，地方自治体，ヒト（国民の教育レベル・経済レベル），NPOや教育機関の関連組織などが観光ビジネスに関わって，訪日外国人旅行者を満足させていかなければならない。これはとりもなおさず，観光に関わるさまざまな構成要素の総合力が問われるということである。これらさまざまな要素のトータルとしての総合力を観光総合力と考え，評価していく必要がある。図2-3には，観光ビジネスを推進する観光総合力の構成要素を示した。

　このような観光総合力を高めることが訪日外国人旅行者に対する質の向上をもたらしていく。今後の課題としては，構成される要素間の有機的なつながりが相乗効果をもたらし，総合力を上げていく仕組みを考えていくことであろう。

第3節　観光総合力の国際比較　　31

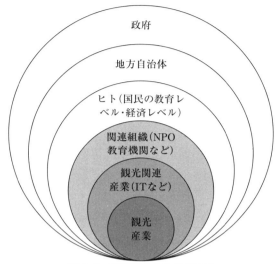

図 2-3　観光総合力の構成要素
注）色のついた部分（観光産業と観光関連産業）が観光ビジネス
出典：筆者作成

2　観光総合力指標

　観光総合力を測るような指標があるだろうか。WEFによる「The Travel & Tourism Competitiveness Report（旅行・観光競争力のレポート）」は現在適応可能な情報を提供してくれている。このレポートと観光総合力は一見異なるようにみえるが，アプローチは同じである。レポートは「観光の規制の枠組み」，「観光ビジネスの環境とインフラ」，「観光の人的・文化的・自然資源」の3個の指標（A群，B群，C群）に分けて詳しく示している。副指標は観光総合力の構成要素に対応しているが，これも14個に分け詳しく明らかにしている。さらに，14副指標を79個の項目に細分化し，数値化して「旅行・観光競争力指数（Travel & Tourism Competitiveness Index：以下「TTCI」とする）」として総合的に評価した。最初に，全体の結果を表2-3に，旅行・観光競争力のランキング（Travel & Tourism Competitiveness Ranking：以下「TTC」とする）として示した。

表 2-3 旅行・観光競争力のランキング（TTC）

順位			国・地域	総合指数
2009 年	2011 年	2013 年		
1	1	1	スイス	5.66
3	2	2	ドイツ	5.39
2	4	3	オーストリア	5.39
6	8	4	スペイン	5.38
11	7	5	英国	5.38
8	6	6	米国	5.32
4	3	7	フランス	5.31
5	9	8	カナダ	5.28
7	5	9	スウェーデン	5.24
10	10	10	シンガポール	5.23
9	13	11	オーストラリア	5.17
20	19	12	ニュージーランド	5.17
13	14	13	オランダ	5.14
25	22	14	日本	5.13
12	12	15	香港	5.11
16	11	16	アイスランド	5.10
15	17	17	フィンランド	5.10
22	23	18	ベルギー	5.04
18	21	19	アイルランド	5.01
17	18	20	ポルトガル	5.01
14	16	21	デンマーク	4.98
19	20	22	ノルウェイ	4.95
23	15	23	ルクセンブルグ	4.93
29	26	24	マルタ	4.92
31	32	25	韓国	4.91

注）調査は隔年で行われている。2013 年は 140 ヵ国，2011 年は 139 ヵ国，2009 年は 133 ヵ国が対象となっている。
出典：World Economic Forum「The Travel & Tourism Competitiveness Report 2013」

第3節　観光総合力の国際比較　　33

　表2-3から明らかなように，スイスが1位で，25位までの上位にはヨーロッパと北米が中心となっている。上位を占めている国に発展途上国がないことは，経済的発展と整合的である。

　興味深いことに，日本は2011年から2013年にかけて大きく順位を上げ，14位となった。表2-3には示してないが，外国人旅行者数が多い観光大国の中国は，2011年の39位から2013年は45位と順位を下げている。これらのことは，日本と中国を比べると，日本の方が外国人旅行者に対する旅行・観光の質が高いということを示唆している。

3　日本の旅行・観光競争力指数

　表2-3における日本のランキングがどのような指標に基づいて判断されたかについては，表2-4の日本の旅行・観光競争力指数（TTCI）に示した。

　表2-4の指標は二次データと一次データを用いている。二次データは国際的に公表されている数値（たとえばIATA，IUC，NUNWTO，WTTCなど[12]）であり，一次データはCEOやビジネス・リーダーからの質問紙調査である

　表2-4からは，鉄道や道路などの「陸上交通インフラ」が7位，インターネットなどの「情報通信インフラ」が7位，世界文化遺産数やスポーツスタジアムの設備などを評価した「文化的資源」が11位と，これらの副指標内容が高く評価されていることがわかる。また，飲み水の安全性と医療体制を評価した「健康と衛生」，治安の良さとテロの可能性の低さを評価した「安全とセキュリティ」，教育や研修，HIV感染の低さを評価した「人的資源」，「航空インフラ」の副指標も比較的高く評価されている。総じてハードの部分に関する副指標は評価が高いということが明らかである。

　表2-4において評価の低かった副指標は，14副指標のうち「観光産業における価格競争力」の130位，「観光との親和性」の77位である。「観光産業における価格競争力」の副指標には，円高が影響していたであろう。「観光との親和性」の副指標に関しては，「事業者の顧客志向度」は1位であるが，その他の項目に課題がある。「外国人訪問客に対する人々の歓迎度」は74位，「ビ

表 2-4　日本の旅行・観光競争力指数（TTCI）

	スコア	ランク
（A群）旅行・観光上の規制の枠組み	5.3	24位
1．政策の規制と規定（副指標）	4.9	36位
外国資本の受容度	4.4*	88位
財産権の保護度	5.8*	15位
政府の政策の外国直接投資に与え得る影響度	4.6*	66位
査証の免除度	63.0	96位
2国間航空サービスの開放度	23.6	10位
政府の政策決定の透明度	5.1*	22位
起業に要する日数	23	93位
起業費用	7.5	64位
GATS決定事項の拘束度	46.0	96位
2．環境の維持可能性（副指標）	4.8	47位
環境規制の厳格度	5.9*	10位
環境規制の実行度	5.7*	12位
環境保護を考慮した旅行・観光業の持続的発展に向けての政府の戦略度	4.5*	63位
一人あたりの二酸化炭素排出量の少なさ	9.5	115位
一立方メートルあたりの粒子状物質の濃度の低さ	24.9	52位
哺乳類・鳥類・両生類の絶滅危惧種の割合の低さ	13.5	130位
環境に関する条約の批准数	22	20位
3．安全とセキュリティ（副指標）	5.7	20位
犯罪・暴力に対するコストの低さ	5.4*	40位
警察の信頼度の高さ	5.7*	26位
10万人あたりの道路交通事故死者数の少なさ	5.0	7位
テロに対するコストの低さ	5.3*	86位
4．健康と衛生（副指標）	6.3	16位
1000人あたりの医師の密度	2.1	53位
衛生な環境を得られる総人口中の割合	100.0	1位
安全な飲料水を得られる総人口中の割合	100.0	1位
10000人あたりの病院のベッド数	137.0	1位
5．観光の優先度（副指標）	4.8	42位
政府の旅行・観光業に対する優先度	5.5*	55位
政府の旅行・観光関連への支出の割合	4.2	47位
観光客誘致のためのマーケティング・ブランド戦略の効果度	4.6*	60位
観光・旅行に関する年間データの網羅度	71.0	51位
旅行・観光に関する月次・四半期毎のデータ数	17.5	7位

表 2-4 つづき

	スコア	ランク
(B群) 旅行・観光上の環境とインフラ	4.9	24位
6. 航空交通インフラ（副指標）	4.5	25位
航空インフラの品質	5.3*	46位
国内線定期便における週あたりの利用可能な座席キロ数	1,871.8	4位
国際線定期便における週あたりの利用可能な座席キロ数	2,963.2	7位
1000人あたりの航空利用数	5.1	57位
人口に対する空港の密度	0.6	77位
運行中の航空会社数	79.0	16位
航空網の国際的ビジネス機会の提供度	5.3*	46位
7. 陸上交通インフラ（副指標）	6.2	7位
道路の品質	5.9*	14位
鉄道インフラの品質	6.6*	2位
港湾インフラの品質	5.2*	31位
バス・タクシーなど国内陸上交通ネットワークの品質	6.2*	6位
100平方キロあたりの道路延長	320.0	7位
8. 観光インフラ（副指標）	4.6	53位
人口100人あたりのホテルの部屋数	1.2	20位
7大主要レンタカー会社の密度	4	82位
人口100万人あたりのVISAカード利用可能なATM数	339.5	59位
9. 情報通信インフラ（副指標）	5.5	7位
企業間取引におけるICT利用度	6.0*	7位
企業・消費者間取引におけるインターネット利用度	5.9*	7位
個人のインターネット利用率	79.5	17位
100人あたりの固定電話回線数	51.1	13位
100人あたりのブロードバンド固定回線加入者数	27.6	17位
100人あたりの携帯電話加入者数	105.0	72位
100人あたりの移動通信機器におけるブロードバンド加入者数	101.3	3位
10. 観光産業における価格競争力（副指標）	3.5	130位
国際空港サービスにおける税コストの軽さ	63.9	113位
相対的購買力平価の低さ	1.3	134位
労働意欲や投資に及ぼす課税の影響の低さ	137.0	97位
燃料価格水準の低さ（米ドル換算）	3.0*	109位
高級ホテルの標準的客室の価格水準の低さ（米ドル換算）	137.9	71位

表 2-4 つづき

	スコア	ランク
(C群) 旅行・観光上の人的・文化的・自然資源	5.2	10位
11. 人的資源 (副指標)	5.4	21位
<教育と訓練>	5.8	13位
初等教育の就学度	100.0	2位
中高教育の修了度	102.2	21位
教育システムの品質	4.2*	43位
地域における専門的な研究・研修サービスの利用可能度	5.5*	12位
スタッフ研修の程度	5.3*	5位
<質の高い労働力の確保>	5.1	69位
雇用・解雇の柔軟度	2.8*	130位
外国人雇用の容易度	3.4*	118位
HIV感染率の低さ	0.1	12位
HIV・エイズのビジネスへの影響の低さ	5.5*	55位
平均寿命	82.9	1位
12. 観光との親和性 (副指標)	4.6	77位
GDPにおける観光収入・支出の割合の高さ	0.7	137位
外国人訪問客に対する人々の歓迎度	6.2*	74位
ビジネス旅行で訪問した時に観光による旅行延長を勧める割合	4.5*	125位
事業者の顧客志向度	6.4*	1位
13. 自然資源 (副指標)	5.0	21位
世界遺産数	4	10位
自然環境の質の高さ	5.5*	25位
哺乳類・鳥類・両生類の総生物種数	637	57位
陸上生物の保護度	14.9	34位
排他的経済水域におけるMPA (海洋保護地域) の割合	0.5	59位
14. 文化的資源 (副指標)	5.9	11位
世界文化遺産数 (口承・無形遺産を加算)	32	7位
100万人あたりのスポーツスタジアム収容能力	37,108.6	67位
国際見本市・展示会の開催数	290.3	9位
造形産業製品輸出の世界全体における割合	1.5	14位

注) スコアに*がついているのは一次データである。
出典:World Economic Forum「The Travel & Tourism Competitiveness Report 2013」

ジネス旅行で訪問した時に観光による旅行延長を進める割合」は125位,「GDPにおける観光収入・支出の割合の高さ」は137位という結果である。

「外国人訪問客に対する人々の歓迎度」は,日本社会そのものの特質として,生活習慣が異なる人が来ることをあまり想定していないことに関係していると考えられる。また,日本人が他の民族,たとえば欧米人と違いがあると認識しているかどうかは定かではないが,日本人のパフォーマンスが大げさではないからかもしれない[13]。21世紀に入り日本人も成熟化してきたので,欧米人とは異なっているという認識はあるかもしれないが,欧米人のようなパフォーマンスができない日本人も多いのではないかと思われる。しかし,それはとりもなおさず日本文化の特徴を表している。これは欠点とは言えない。感情を表出する民族から見れば神秘的かもしれない。しかし一方で日本人が海外の人々を理解しようとする意識に欠けているとも指摘できる[14]。日本人が観光の役割は草の根レベルの国際交流であるという認識を持つことから始めないと,観光による国際相互理解は生まれない。

「ビジネス旅行で訪問した時に観光による旅行延長を進める割合」は,日本人の倫理観に突き当たる。どの国でも,ホストが観光地を案内したいと思っていることがよくあり,ビジネスと社交を合わせたものが観光であると考えられている[15]。しかし,日本の企業や大学ではビジネスに遊びを持ち込むことはできない。そのためビジネスで訪日している人に,もっと観光していくといいよと勧められないのであろう。欧米ではビジネスができていれば,それを利用して遊んだとしても問題とならない。そのためか,ビジネス交渉は双方の中間に位置するリゾート地を選択することが多い[16]。

「GDPにおける観光収入・支出の割合の高さ」は,順位をあまり意識する必要はないと考える。GDPにおける観光収入・支出の割合が高くないということは,他の産業がうまくいっているとも考えることができるだろう。故に,観光収入・支出の割合をクロスセクションでみるのではなく時系列でもみていく必要がある。

他の副指標の順位は悪くないが,中に順位の低い項目がある。「政府の規

制と規定」における「査証の免除度」の項目は 96 位と低い。査証の規制緩和としては，2011 年に中国全土を対象として個人旅行に査証を発行し，条件付きの数次ビザの発給も始めた。これは徐々に進めていくのであろうと考えられる。しかし査証の免除度は国の治安とも関連しており，免除度が低いことが副指標の「安全とセキュリティ」における「テロに対するコストの低さ」の項目とも関係しており，どの程度までの免除度が適切なのかは難しいところである。

　副指標の「環境の維持可能性」における「一人あたりの二酸化炭素量排出量の少なさ」と「哺乳類・鳥類・両生類の絶滅危惧種の割合の低さ」の 2 項目は，国をあげて取り組んでいかなければならない課題である。日本の二酸化炭素排出量は世界で第 5 位と非常に多い［日本エネルギー経済研究所計量分析ユニット，2014］。絶滅危惧種に関しては，ワシントン条約や絶滅のおそれのある野生動植物の種の保存に関する法律（個体などの取引を規制する・生息地保護・保護増殖）があるが，政府や NPO に任せるのではなく，環境を守ろうとする国民の意識が大切である。

　副指標の「人的資源」では，「雇用・解雇の柔軟度」が 130 位と評価が低い。これは，日本企業の人的資源管理が長期雇用を前提とした新卒採用を中心としていることが影響しているためと考えられる。また「外国人雇用の容易さ」は 118 位であり，企業内の国際化が進んでいないことを示している。企業内の国際化の進展は，外国人が日本に好感を持つための必要条件かもしれない。

　これまでのことから，日本は自然資源，文化資源，交通インフラなどは比較的優れているが，観光ビジネスがもたらす経済効果はそれほど高くないことがわかる。また，今後の課題となる自然環境の保護，外国人雇用の容易さなどは，政府や地方自治体が主導して改善していかなければならならないが，それと共に社会（国民）の意識を変えることが肝心であることが示された。法律や規制を作ったり強化したりしても，国民の意識が問題となる。ハードの部分に加えてソフトの部分がより大事な立ち位置を占めると考えてよいだろう。

第 4 節　観光一流国への道

　前節までのことから，観光総合力の課題と考えられる部分には政府や地方自治体の改善に加えて，国民の意識の国際化が必要になってくることがわかる。国民の意識の国際化とは，簡単に言ってしまえば，多様性（diversity：ダイバーシティ）を認めることである。多様性とは，基本的に属性であるが，様々な考え方の違い，価値観も含んで考えていくものである。図 2-4 には属性における多様性を示した。

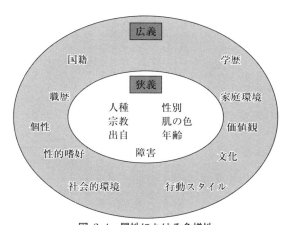

図 2-4　属性における多様性
出典：加藤「企業の社会的責任とジェンダー・ダイバーシティ」
『生き延びる消費者　生き延びる経営』［2008］

　図 2-4 に示されているように，多様性は目に見える部分から目に見えない部分まで幅広く，奥の深いものである。多様性は日本人同士でも考慮していかなければならないが，外国人が入ることで，特に目に見えない部分である「文化」や「価値観」について，これまで以上にさまざまな考慮が必要となる。企業で一緒に働く際も，地域住民として一緒に生活していく際にも，この文化と価値観の違いを認識し，折り合いをつけていくことが必要となる。

日本国内の外国人数は増えており，総人口に占める割合も増加傾向にある[17]。従って企業における外国人数も増えている可能性が高いので，この問題は喫緊の課題と言えるかもしれない。2008年に行われた一部上場企業1,000社を対象とした調査において，外国人社員の比率は0.26％であったが［労働政策研究・研修機構，2009］，2013年にディスコが全国の主要企業8,478社を対象とした調査によれば，外国人留学生を採用した企業は，予定を含め全体の35.2％で，2014年の見込みについては，採用する企業，予定を含め48.4％で，半数近くに達することが示された［ディスコ，2013］。上述した2008年の調査と2013年の調査を比較することはできないが，外国人社員や外国人留学生の採用が注目され始めていることは明らかである。

外国人受け入れに対する政府の政策は，単純労働者の受け入れは認めていないが[18]，2020年を目途に30万人の留学生受入れを目指すという計画をはじめとして，高度専門人材を積極的に受け入れる方針が示されている[19]。これまでの外国人は出身国との橋渡し役であったが，これからは優秀な外国人であれば，企業の中核になる機会を日本人と同様に与えていかなければならない。欧米の研究では，ダイバーシティは競争優位の源泉であり，企業業績を向上させると議論されている[20]。1992年までは1位であった日本企業の国際競争力が2011年には26位にまで落ち込んでしまった要因には，日本企業が女性や外国人の異質性を排除し，差別化を生み出すことを妨げてきたためであるとの指摘もある[21]。

優秀な外国人を受け入れるために，ユニクロや楽天は日本国内でも英語を社内公用語とした［Nikkei BPnet，2010］。東芝は採用条件から日本語を外し，タイやシンガポールなどの大学の卒業生を採用し始めた［朝日新聞，2010年4月5日］。優秀な技術者には日本語は不問ということである。グローバルに活躍している企業であれば当然のことかもしれない。このように日本企業に質の高い外国人が増えれば日本の雇用制度への変化をもたらすことは必然のこととなる。そうなれば，観光総合力も高まっていく。

しかしながら，このような取り組みによる外国人の増加は社会にさまざま

な影響を及ぼすことが考えられる。至る所で多種多様な摩擦が生じることが予想されるが，外国人と折り合いをつけることは簡単なことではない。外国人も「郷に入れば郷に従え」を考えて，日本人も外国人の考えを尊重しながら共に豊かに生きていくことが理想だが，そうなっていくためには，ある程度の時間も必要であろう。その時間を使って，たとえば外国人に日本や日本人を理解する教育プログラムを行うといった地道な努力が大切であろうし，日本人に対しても異文化理解の教育を提供していくことが必要となっていくだろう。

グローバル化社会を生き抜いていくために，日本人は日本のアイデンティティーを失うことなくダイバーシティを推し進めていかなければならない。外国人が訪れてよしの国づくりを通して，日本人がダイバーシティの真の意味を理解し，対応していくことができれば，それは好ましい第一歩といえよう。

注

1) goo 国語辞典　http://dictionary.goo.ne.jp/leaf/jn2/253634/m0u/
（2014 年 12 月 1 日アクセス）
2) UNWTO の IRTS [2001] では以下のように記されている。Tourism is defined as the activities of persons travelling to and staying in places outside their usual environment for not more than one consecutive year for leisure, business and other purposes not related to the exercise of an activity remunerated from within the place visited.
3) UNWTO の IRTS [2008] では以下のように記されている。Tourism is more limited than travel, as it refers to specific types of trips : those that take a traveler outside his/her usual environment for less than a year and for a main purpose other than to be employed by a resident entity in the place visited. Individuals when taking such trips are called visitors.
4) 日本政府観光局の発表によれば，2014 年に日本を訪れた訪日外国旅客は前年より 29％増の約 1,341 万人である［日本経済新聞，2015 年 1 月 21 日］。
5) 外国人旅行者数は，数値が追って新たに発表されたり，さかのぼって更新されたりすることがあるため，数値の採用時期によって，そのつど順位が変わり得る。島国であることを考慮すると，空路又は水路による外国人旅行者受け入れ数ランキン

42　第2章　観光立国への課題

　　グでは17位の水準に相当する。ただし，このランキングにはすべての国・地域で交通手段別のデータが算出されていない点に注意する必要がある［観光庁，2014］。
6）2013年11月までは韓国，台湾，中国，米国，香港，英国，フランス，ドイツ，オーストリア，カナダ，シンガポール，タイ，マレーシアの計14市場が対象。
7）国土交通省［2003］参照。
8）22.5兆円がもたらす生産波及効果は46.7兆円で，これにより399万人の雇用誘発効果があると推定されている［日本観光振興協会，2014］。
9）外国人旅行者による消費は国内総生産（GDP）統計で輸出に計上され，買い物は旅行サービスの海外輸出にあたる［日本経済新聞，2015年1月21日］。
10）再編集系列とは，三次産業活動指数の各分類名称に該当する末端系列を，大分類業種に依存することなく総合化した特掲。
11）日経産業新聞［2015年2月10日］によれば，政府が2015年6月を目途にまとめる新成長戦略の中に，「医療渡航支援企業」（仮称）を認定する仕組みを作る方針がある。このことが影響していると考えられる。
12）IATA（International Air Transport Association；国際航空運送協会），ICAO（International Civil Aviation Organization；国際民間航空機関），WTTC（World Travel & council；世界旅行ツーリズム協議会），UNESCO（United nations Educational, Scientific and Cultural Organization；国際連合教育科学文化機関）。
13）経営コンサルタントであるトランペナールス（Trompenaars, F.）は，1979年にロイヤル・ダッチ・シェル・グループの5社と衣料メーカー5社を対象とした調査を嚆矢として，15年にわたるリサーチプロジェクトに基づく7次元文化モデルを提唱している。感情中立的な文化（自らの感情をうっかり相手側に漏らすことはなく，注意深く感情をコントロールすると共に抑制し続ける）であるか，感情表出的な文化（人々は笑い，微笑み，にらみつけ，およびジェスチャーなどで自らの感情を包み隠さず表に出す）であるかの次元では，日本は感情中立的な傾向であるとした［加藤，2011］。
14）加藤・吉村［2009］参照。
15）コープランド・グリッグス［1988］参照。
16）アドラー［1998］参照。
17）図表には，外国人登録者数及び在留外国人数の推移を示した。
　　図表は，注1)から注3)にあるように，2012年とその前では統計の取り方がかわっている。従って，在留外国人数と従来の外国人登録者数とを単純に比較することはできないが，参考として比較を行うと，総数は増えており，我が国の総人口に占める割合も増加傾向にあることがわかる。

第4節　観光一流国への道　43

図表　外国人登録者数及び在留外国人数の推移

(各年末現在)

	総数	我が国の総人口に占める割合（％）
1980年	782,910	0.67
1990年	1,075,317	0.87
2000年	1,594,001	1.26
2010年	2,087,261	1.63
2012年	2,033,656	1.59

注1）1993年までは，外国人登録者数である。
注2）1994年から2011年までは外国人登録者数（短期滞在などを除く）である。
注3）2012年は，中長期在留者に特別永住者を加えた在留外国人の数である。
出典：財団法人入管協会『在留外国人統計　平成25年度版』［2013］

18）単純労働者の事実上の抜け道として，日系ブラジル人や中国を中心とした実習生が存在している（2014年5月7日のNHK持論公論「外国人技能実習その意味と課題」の中でも取り上げられた）。少子高齢化で人材不足と言われている現状で，東京オリンピックまでに単純労働者の受け入れを正式に許可することになるかもしれないと報道されている（東洋経済ONLINE, 2014年1月9日）。
19）外務省のHP参照。
20）加藤［2008］参照。
21）テュルパン・高津［2012］参照。

引用・参考文献

a．和文文献

・朝日新聞「求人，舞台は世界　広がる企業の外国人採用」2010年4月5日朝刊。
・アドラー，N『異文化組織のマネジメント』（第2版）江夏健一・桑名義晴監訳，IBI国際ビジネス研究センター訳，セントラルプレス，1998年。
・加藤里美「企業の社会的責任とジェンダー・ダイバーシティ」柴山宮惠子・加藤里美・渡辺伊津子『生き延びる消費者　生き延びる経営』成文堂，2008年，73-176頁。
・加藤里美・吉村郁久代「第6章　大学生のアジア意識と異文化理解教育―岐阜県の大学生への質問紙調査をもとに―」『産業情報社会―その変遷と展望―』荻久保嘉章編，成文堂，2009年，155-179頁。
・加藤里美「第9章　エスニック・ジョークを通した日本文化」『全球化社会の進化―異文化をめぐる化合・還元・触媒―』加藤里美・中垣勝臣編，成文堂，2011年，171-193頁。
・観光庁編『観光白書』2014年。
・コープランド，レニー・グリッグス，ルイス『異文化間ビジネスの新戦略―信頼と

尊敬を得ながらビジネスを成功させるには—』小林薫訳，朝日出版社，1988 年 (Copeland, Lennie & Griggs, Lewis, GOING INTERNATIONAL : How to Make Friends and Deal Effectively in the Global Marketplace, Plume, 1986)。
- 財団法人入管協会『在留外国人統計　平成 25 年度版』，2013 年。
- 高井典子・赤堀浩一郎『訪日観光の教科書』創成者，2014 年。
- テュルパン，ドミニク・高津尚志『なぜ，日本企業は「グローバル化」でつまずくのか』日本経済新聞出版社，2012 年。
- トランペナールス，F・ハムデン・ターナー，C『異文化の波-グローバル社会：多様性の理解』須貝栄訳，白桃書房，2001 年（Trompenaars, F.・C. Hampden-Turner, Riding the Waves of Culture：Understanding Diversity in Global Business Review, 2nd ed., *McGraw-Hill*, 1998)。
- 日経産業新聞「医療でも「おもてなし」」2015 年 2 月 10 日。
- 日経流通新聞「外食各社　外国人観光客取り込み躍起」2010 年 4 月 30 日。
- 日経流通新聞「HIS 攻めの多角化」2014 年 12 月 8 日。
- 日経流通新聞「中核テナントは医療」2015 年 2 月 2 日。
- 日本エネルギー経済研究所計量分析ユニット編集『EDMC エネルギー・経済統計要覧 2014 年版』2014 年。
- 日本観光振興協会『2014 年度版　数字でみる観光』，2014 年。
- 日本経済新聞「ぐるなび外国語版　観光地 100ヵ所対応」2014 年 6 月 17 日朝刊。
- 日本経済新聞「工事現場は観光資源」2014 年 10 月 6 日朝刊。
- 日本経済新聞「訪日観光　おもてなし進化」2014 年 11 月 14 日夕刊。
- 日本経済新聞「訪日客獲得，病院と連携」2015 年 1 月 4 日朝刊。
- 日本経済新聞「中国人宿泊先に土産」2015 年 1 月 11 日朝刊。
- 日本経済新聞「今年の訪日客 1,500 万人超へ」2015 年 1 月 21 日朝刊。
- 日本経済新聞「主要空港周辺でがん治療」2015 年 1 月 31 日大阪夕刊。

b．Web サイト
- ディスコ「外国人社員の採用活動に関する企業調査」。
  http://www.disc.co.jp/pressrelease/detail/201310_intl_recruiting-1309.htm
  http://www.disc.co.jp/uploads/2013/10/201310_gaikokujin_kigyou_full.pdf
  （2015 年 3 月 22 日アクセス）
- 外務省 HP「外交政策」における「人の交流」。
  http://www.mofa.go.jp/mofaj/gaiko/culture/hito/ryu/（2014 年 10 月 1 日アクセス）
- 観光庁 HP「観光地域経済調査」2012。
  http://www.mlit.go.jp/kankocho/siryou/toukei/kouzou.html（2014 年 10 月 1 日アクセス）
  「観光立国推進基本法」http://www.mlit.go.jp/kankocho/kankorikkoku/
  （2014 年 10 月 1 日アクセス）

「平成 21 年度　観光の状況」2010。
http://www.mlit.go.jp/hakusyo/kankou-hakusyo/h22/images/01.pdf
（2014 年 10 月 1 日アクセス）
「観光立国と観光庁に関する意識調査」報告書　平成 21 年（2010）。
http://www.mlit.go.jp/common/000049619.pdf（2014 年 10 月 1 日アクセス）
・国土交通省「グローバル観光戦略」平成 14 年（2003）。
http://www.mlit.go.jp/kisha/kisha02/01/011224_3/011224_3.pdf
（2014 年 10 月 1 日アクセス）
・経済産業省「産業活動分析（平成 25 年 1〜3 月期）」2013 年。
http://www.meti.go.jp/statistics/tyo/sanzi/result-2.html（2014 年 10 月 1 日アクセス）
・Nikkei BPnet「ユニクロ，楽天だけじゃない　英語公用語化へ向かう現実」2010 年 8 月 30 日。http://www.nikkeibp.co.jp/article/news/20100824/242724/
（2014 年 10 月 1 日アクセス）
・労働政策研究・研修機構（JILPT）「日本企業における留学生の就労に関する調査」2009 年 6 月。
http://www.jil.go.jp/institute/research/2009/documents/057.pdf
（2014 年 10 月 1 日アクセス）
・UNWTO（国際連合世界観光機関）「観光統計に関する国際勧告 2001（IRTS2001；The International Recommendations for Tourism Statistics）」2001。
http://unstats.un.org/unsd/publication/SeriesF/SeriesF_80e.pdf
（2014 年 10 月 1 日アクセス）
・UNWTO（国際連合世界観光機関）「観光統計に関する国際勧告 2008（IRTS2008；The International Recommendations for Tourism Statistics 2008）」2008。
http://unstats.un.org/unsd/publication/Seriesf/SeriesF_80rev1e.pdf
（2014 年 10 月 1 日アクセス）
・東洋経済 ONLINE「安倍政権,「外国人労働者」の拡大を検討　単純労働者受け入れも」2014 年 1 月 9 日　http://toyokeizai.net/articles/-/27967（2014 年 10 月 1 日アクセス）
・World Economic Forum,「The Travel & Tourism Competitiveness Report 2013」.
http://www3.weforum.org/docs/TTCR/2013/TTCR_OverallRankings_2013.pdf
（2014 年 10 月 1 日アクセス）
http://www3.weforum.org/docs/WEF_TT_Competitiveness_Report_2013.pdf
（2014 年 10 月 1 日アクセス）

（加藤里美）

第3章 観光政策に関する近年の整備拡充と今後の課題

はじめに

　2007年1月より施行されている観光立国推進基本法は、昭和38年に制定された「観光基本法」を改正し、観光を21世紀の日本の重要な政策の柱として明確に位置づけた。政府は観光立国の推進に関する施策の総合的かつ計画的な推進を図るため、「観光立国推進基本計画」を定め、国は基本的施策として、国際競争力の高い魅力ある観光地の形成、観光産業の国際競争力の強化及び観光の振興に寄与する人材の育成、国際観光の振興、観光旅行の促進のための環境の整備に必要な施策を講ずることが示されている。さらに、観光立国の実現する施策の基本理念として、将来にわたる豊かな国民生活の実現のため特に重要であるとして、地域の創意工夫を生かした主体的な取組みを尊重し、地域住民が誇りと愛着を持つことのできる活力に満ちた地域社会の持続可能な発展を通じて国内外からの観光旅行を促進する、という認識の下に施策を講ずべきことを示している。

　観光を日本の重要な政策の柱とする流れは、2003年に設置された観光立国懇談会にあり、施策推進のために観光立国関係閣僚会議が設置され、観光立国行動計画が発表された。2004年には計画実行のために、観光立国推進戦略会議が設置され、2008年まで議論がなされた。

　観光が日本の重要な政策の柱として注目され、観光振興の重視と同時に、

地域再生・地域経済の活性化のための諸政策が打ち出される理由は，経済的な影響が大きいためであろう。国土交通省［2012］によると，平成15年度の旅行消費額は23.8兆円，これによる直接の雇用創出効果は210万人と推計され，旅行消費がもたらす生産波及効果（直接効果を含む）は，国内の全産業で53.9兆円，これにより442万人の雇用創出効果があることを示している。これは，同年の日本国内生産額958.9兆円の5.6%，就業者数6514万人の6.8%に相当し，日本の一般機械や食料品産業とほぼ同水準の規模である。さらに，観光白書［国土交通省，2009］によると旅行消費の生産誘発係数は1.72と推定され，公共事業投資の1.96，科学技術関連投資の1.63，情報化投資の1.86と同等の大きさであることを示している。

図3-1にあるように，観光立国の実現という名のもとの観光産業の確立と地域振興を行うために，国が主導する形で様々な環境整備が行われている。施策・立案・実行とその検証に統計データあるいは関連指標が不可欠であるが，観光統計については国レベルでさえも他の先進国と比較して体系整備が遅れていたため，2005年以降，全国統一基準での整備・拡充が図られ，少なくとも旅行・観光消費動向調査については，2010年以降，拡充後のデータを公表している（暦年）。地方レベルでも未整備・不十分であるため，地方自治体によっては改善の努力を行い始めている。

本章では，第1節で観光統計ならびに観光・地域振興政策に資する国による観光統計の整備を紹介する。第2節では，国及び地方自治体による法的施策ならびに実際の利用について紹介し，最後に，本章をまとめる。

第1節　国土交通省・観光庁による観光統計の整備

1　観光統計の整備

観光統計の充実を図るため，観光立国関係閣僚会議において，2003年度より旅行・観光消費動向調査を承認統計とすることが決定された。そして，2005年，観光統計の整備に関する検討懇談会で，早急に取り組む事項として，

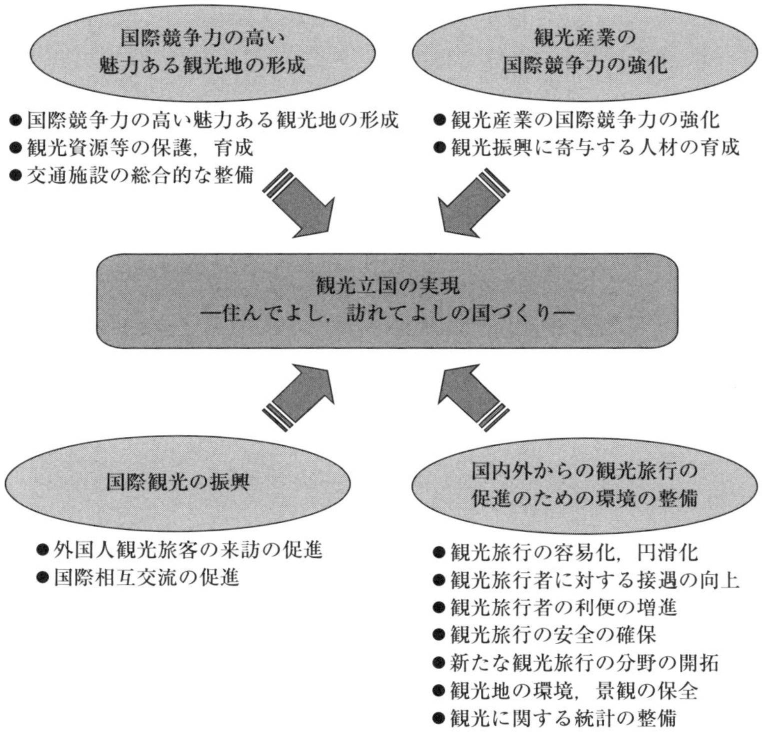

48　第3章　観光政策に関する近年の整備拡充と今後の課題

図 3-1　観光立国推進基本法の概要について
出典：観光庁 web ページ（http://www.mlit.go.jp/kankocho/kankorikkoku/kihonhou.html）

　宿泊統計の速やかな整備，都道府県別観光統計の整備に向けた取り組み，外国人旅行者に関する統計の整備に向けた取り組み，があげられた。統計の整備は，観光消費額や経済効果推計等にも資することが背景にある。
　図3-2にある緊急的に整備が必要な事項として，宿泊統計と外国人旅行者に関する消費額調査がある。宿泊統計については宿泊旅行統計が存在しており，観光関連統計の中心的なデータである。行動を捉えにくい観光を，宿泊を定点にし，把握することによって，観光関連統計の中心的なデータとなり，他の観光統計の精度の向上が期待できる。この調査は2007年から開始され，

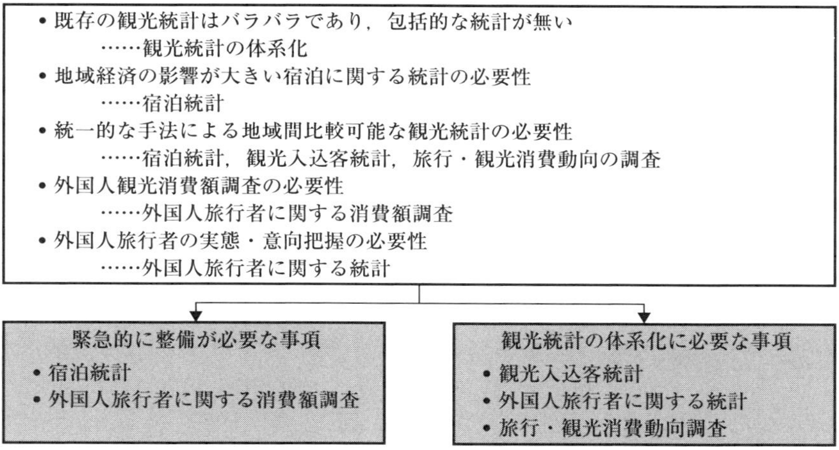

```
┌─────────────────────────────────────────────────────┐
│ ・既存の観光統計はバラバラであり，包括的な統計が無い │
│      ……観光統計の体系化                              │
│ ・地域経済の影響が大きい宿泊に関する統計の必要性     │
│      ……宿泊統計                                      │
│ ・統一的な手法による地域間比較可能な観光統計の必要性 │
│      ……宿泊統計，観光入込客統計，旅行・観光消費動向の調査 │
│ ・外国人観光消費額調査の必要性                       │
│      ……外国人旅行者に関する消費調査                  │
│ ・外国人旅行者の実態・意向把握の必要性               │
│      ……外国人旅行者に関する統計                      │
└─────────────────────────────────────────────────────┘
```

緊急的に整備が必要な事項	観光統計の体系化に必要な事項
・宿泊統計 ・外国人旅行者に関する消費額調査	・観光入込客統計 ・外国人旅行者に関する統計 ・旅行・観光消費動向調査

図 3-2　2005 年時点で示された日本の観光統計の課題と今後について
出典：国土交通省総合政策局観光企画課『我が国の観光統計の整備に関する調査報告書』13 頁（2005年）

　2010 年から，調査対象を従業員が 10 名未満のホテル，旅館，簡易宿所，会社・団体の宿泊所などに変更して行われている。これは都道府県によっては，従業員が 10 名未満の施設の比重が高いためである。

　一方，外国人旅行者に関する消費額調査は，2011 年から訪日外国人消費動向調査が行われている。この調査は，トランジット，乗員，1 年以上の滞在者等を除く日本を出国する訪日外国人客に対し，回答者の属性（国籍，性別，年齢等），訪日目的，主な宿泊地，消費額などを聞き取り調査している。

　観光統計の体系化に必要な事項のなかで，観光入込客統計がある。これは世界的に珍しい統計であるが，宿泊観光および日帰り観光の実態を把握することができる。ところが，都道府県でのこの統計の実施は統一的に実施されていないために，統一基準として全国観光統計基準を設け，共通基準による観光入込客統計として，2010 年より実施されている（この統一基準は観光消費額についても同様である）。

　また，旅行・観光消費動向調査は，2003 年に承認統計となる前から，日本

におけるTSA（Tourism Satellite Account, 観光サテライト勘定）に基づいた統計であった。それが日本経済に及ぼす経済効果を推計することを目的として，改善されてきた。国土交通省観光庁は2000年度から3年間，TSAの導入・検討と旅行・観光消費の経済効果についての研究を行い，旅行・観光消費動向調査が承認統計となった2003年度以降，旅行・観光産業の経済効果に関する調査研究報告書を提出している。2009年度以降は旅行・観光消費動向調査の拡充が行われ，国民経済計算（SNA）等を用いてTSAを本格的に導入した。

TSAとはサテライト勘定（SA, Satellite Account）の1つである。サテライト勘定とは，国連が制定した93SNA（System of National Account, 国民経済計算）に包含されない特別な経済活動を体系づけるための勘定である。サテライト勘定はSNAの中枢体系とは別に作成される勘定でありながら，中枢体系との整合性が保たれ，かつ，社会的関心が高い特定分野について詳細な情報が提供できるよう，中枢体系の概念の修正・拡張や物的指標とのリンク等が行われていることから，観光の他にも環境や介護・医療などのSAが，国連の提案において例示されている。TSAは世界観光機関（World Tourism Organization, WTO）が観光統計の国際標準化に取り組み，各国に導入を呼びかけている。図3-3にあるようにTSAを利用することで，旅行・観光などが経済に与える影響を推計することが可能となる。

2 観光関連統計と経済効果推計の関係

先にも述べたように，従来，日本が国または都道府県レベルで行っていた各種統計のまま，旅行・観光が及ぼす経済効果を推計するには情報が乏しく，国際的にも通用するとは言えなかった。この改善について，宿泊統計，観光入込客統計，旅行・観光消費動向調査を紹介しながら，どのように整備・拡充していったのかを見ていく。

旅行・観光が与える経済効果に関する基本的な考えは，図3-4の通りである。図3-4にあるように，旅行消費額が重要であり，旅行消費額をどのように捉えるのかが整備・拡充される前の各種統計で異なっていた。また，旅行

第1節　国土交通省・観光庁による観光統計の整備

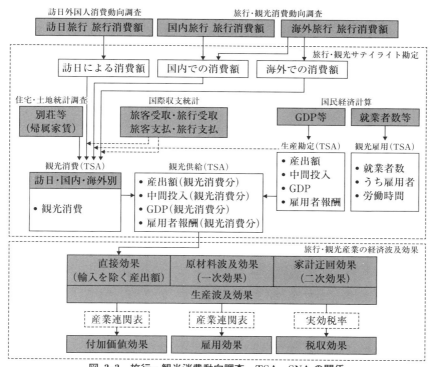

図 3-3　旅行・観光消費動向調査，TSA，SNA の関係
出典：国土交通省観光庁「旅行・観光産業の経済効果に関する調査研究」（2010 年版）5 頁（2012 年）

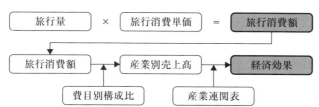

図 3-4　旅行観光消費額および経済効果の推計の基本的考え方
出典：国土交通省総合政策局観光企画課『我が国の観光統計の整備に関する調査報告書』45 頁（2005 年）

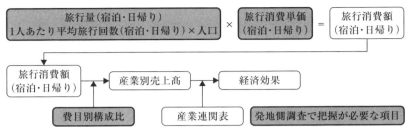

図 3-5 「旅行・観光消費動向調査」による消費額・経済効果の推計方法
出典：国土交通省総合政策局観光企画課『我が国の観光統計の整備に関する調査報告書』45 頁（2005 年）

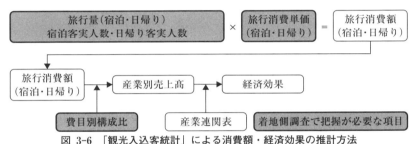

図 3-6 「観光入込客統計」による消費額・経済効果の推計方法
出典：国土交通省総合政策局観光企画課『我が国の観光統計の整備に関する調査報告書』47 頁（2005 年）

消費単価とは，交通費・宿泊費・飲食費・お土産代・入場料などが基準となっている。都道府県別の消費額・経済効果の推計には，日帰り旅行を含めた旅行全体の消費額・経済効果と，宿泊統計に基づく消費額・経済効果の2つに分類して検討していた。

図 3-5 にあるように，旅行・観光消費動向調査における旅行消費額は，旅行量を1人あたり平均旅行回数×人口で推計する。また，この統計での旅行量は宿泊旅行と日帰り旅行の両方が対象となっていた。この統計は，旅行の発地側で調査が行われることになる。

一方，着地側で調査を行うのが観光入込客統計であり，図 3-6 のようになっている。この統計は，世界的には例がない統計であり，宿泊観光および日帰り観光から観光全体の実態を把握するという観点から，重要視されている統

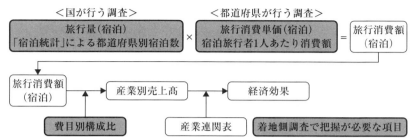

図 3-7 「宿泊統計」と「都道府県アンケート」による消費額・経済効果の推計方法
出典：国土交通省総合政策局観光企画課『我が国の観光統計の整備に関する調査報告書』48 頁（2005 年）

計である。しかしながら，統一基準に基づき実施されていないという問題を抱えていたことから，日本観光協会の全国観光統計基準を採用することで，この統計が抱えている問題点を解消できるとした。これにより，観光客の入込客数の都道府県比較，日本全国の日帰り客数を含む，総観光消費額・経済効果の把握や，様々な分析に活用することが可能となっている。

さて，緊急的に整備すべき観光関連統計としてあげられていた宿泊統計は，宿泊施設における利用実態を把握し，全国統一的な基礎資料となることが必要であるとされている。この統計については，EU 諸国（ドイツ，スペイン，フランス，イタリア，オーストリア，スウェーデン，イギリスなど）の観光統計を参考にし，整備されている。EU 諸国では収集すべき調査対象施設は，ホテルとそれに準ずる施設，その他の施設（キャンプ場，別荘，その他宿泊施設）となっている。また，調査の地域区分は施設の調査が NUTS3 レベル，宿泊客数などの調査は NUTS2 レベルとなっており，日本の行っている都道府県レベルとは幾分，異なる[1]。

宿泊統計を用いた観光消費額・経済効果の推計には，着地側調査である宿泊統計と都道府県主体の宿泊の消費単価に関するアンケート調査を組み合わせて，宿泊のみに関する観光消費額・経済効果を推計する図 3-7 と，発地側調査である旅行・観光消費動向調査と着地側調査である宿泊統計を組み合わせて観光消費額・経済効果を推計する図 3-8 のような 2 つのパターンが考え

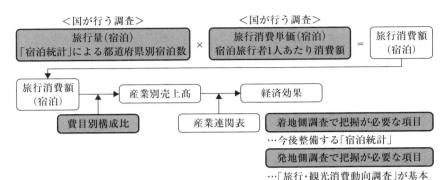

図 3-8 「宿泊統計」と「旅行・観光消費動向調査」による消費額・経済効果の推計方法
出典：国土交通省総合政策局観光企画課『我が国の観光統計の整備に関する調査報告書』49頁（2005年）

られていた。図 3-7 と図 3-8 で比較すると，旅行・観光消費動向調査の整備・拡充を伴うことで，国がルールやマニュアル作成を行う上で利便性が高いとして，図 3-8 が採用されることとなった。実際に，宿泊統計は宿泊旅行統計調査として，2007 年から開始されている。

これらの統計が整理・拡充されたことで，旅行客・観光客の消費がもたらす都道府県内産業への経済波及効果に関する論文が近年，発表されてきている。例として，大分県内での経済波及効果を扱った直野・小野・下田［2013］がある。彼らの考える波及効果のメカニズムは図 3-9 のとおりである。

旅行客数・観光客数の推計には観光目的以外の者を含む宿泊者・日帰り客が対象となっている。これにより，宿泊旅行統計調査（大分県値）ならびに共通基準による観光入込客統計（大分県値）を用いることができる。県内旅行客・観光客の消費額は，1 年間の旅行客数・観光客数に，1 人 1 回当たりの消費単価を乗じることで求められる。このようにして求められた消費額と大分県産業連関表をもとに，産業連関分析を行うことで，旅行客・観光客の消費がもたらす経済波及効果の推計を行っている。また，旅行・観光消費動向調査は岡田［2013］で産業への波及効果の推計に，訪日外国人消費動向調査は守屋［2014］で用いられている。

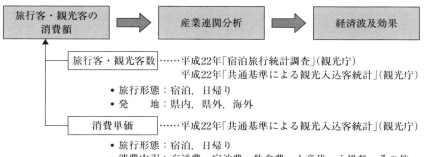

図 3-9　経済波及効果のメカニズム

出典：直野・小野・下田『旅行客・観光客の消費がもたらす県内産業への経済波及効果について』p. 115（2013年）

　また，今までに紹介した統計以外の観光関連統計として観光地域経済調査がある。これは，観光地域における観光産業の観光売上割合や生産・供給構造，雇用状況等の実態を把握し，観光産業振興施策等の基礎資料を得ることを目的として 2010 年に試験調査，2011 年に予備的調査，2012 年より本調査が行われている。調査方法はアンケート形式であり，その対象は，904 の地域の約 9 万事業所である。アンケートの内容は，事業所の月別従業者数・経営組織や，1 年間（1 月〜12 月）での，売上（収入）金額及び費用，事業別売上（収入）金額，主な事業の売上（収入）金額の観光割合，主な事業の売上（収入）金額の月別内訳等，相手先別収入額の割合，電子商取引の割合，年間営業費用の項目別内訳及び支払先地域別割合，事業の実施状況などである。この調査の結果報告は観光庁が行っている[2]。

第 2 節　観光・地域振興のための様々な行政レベルでの施策

1　観光振興のための施策と条例

　地方自治体も観光振興のための条例を制定し，これに基づいて観光振興計画を策定する都道府県が多い[3]。表 3-1 にあるように，平成 24 年度 4 月 1 日

表 3-1　都道府県の観光振興条例の制定状況（平成 25 年 4 月 1 日現在）

都道府県	条例名	施行日
沖縄県	沖縄県観光振興条例	1980 年 3 月 1 日施行
北海道	北海道観光のくにづくり条例	2001 年 10 月 19 日施行
高知県	あったか高知観光条例	2004 年 8 月 6 日施行
長崎県	長崎県観光振興条例	2006 年 10 月 13 日施行
広島県	ひろしま観光立県推進基本条例	2007 年 1 月 1 日施行
岐阜県	みんなでつくろう観光王国飛騨・美濃条例	2007 年 10 月 1 日施行
島根県	しまね観光立県条例	2008 年 3 月 21 日施行
千葉県	千葉県観光立県の推進に関する条例	2008 年 3 月 28 日施行
愛知県	愛知県観光振興基本条例	2008 年 10 月 14 日施行
富山県	元気とやま観光振興条例	2008 年 12 月 22 日施行
熊本県	ようこそくまもと観光立県条例	2008 年 12 月 22 日施行
新潟県	新潟県観光立県推進条例	2009 年 1 月 1 日施行
鹿児島県	観光立県かごしま県民条例	2009 年 4 月 1 日施行
徳島県	もてなしの阿波とくしま観光基本条例	2009 年 6 月 25 日施行
岩手県	みちのく岩手観光立県基本条例	2009 年 7 月 1 日施行
鳥取県	ようこそようこそ鳥取観光振興条例	2009 年 7 月 3 日施行
神奈川県	神奈川県観光振興条例	2010 年 4 月 1 日施行
和歌山県	和歌山県観光立県推進条例	2010 年 4 月 1 日施行
愛媛県	えひめお接待の心観光振興条例	2010 年 4 月 1 日施行
宮城県	みやぎ観光創造県民条例	2011 年 4 月 1 日施行
三重県	みえの観光振興に関する条例	2011 年 10 月 20 日施行
山梨県	おもてなしのやまなし観光振興条例	2011 年 12 月 22 日施行
埼玉県	埼玉県観光づくり推進条例	2012 年 3 月 27 日施行

出典：観光庁 web ページ（http://www.mlit.go.jp/kankocho/kanko_jyourei.html）

現在で，23 の都道府県が観光振興条例を制定している[4]。これらの観光振興条例は，実際のところ，1 つまたは複数の地方自治体にまたがった地域を観光のためにまとめ，観光庁の認定を受けた地域として設定される観光圏を中心に，様々な観光・地域振興を行っている地方自治体が多いようである。

観光圏とは，自然・歴史・文化等において密接な関係のある観光地を一体とした区域であって，区域内の関係者が連携し，地域の幅広い観光資源を活用して，観光客が滞在・周遊できる魅力ある観光地域づくりを促進するもの，と定義されている。観光圏は，観光圏整備法を根拠としており，国内外からの観光客が 2 泊 3 日以上の滞在型観光をできるような観光エリアの整備を促進することを目的としている[5]。**図 3-10** にあるように，観光圏は官民で協議

第2節　観光・地域振興のための様々な行政レベルでの施策　57

図 3-10　観光圏についての法の概要について

出典：観光庁 web ページ（http://www.mlit.go.jp/kankocho/shisaku/kankochi/seibi.html）

表 3-2　観光圏整備のための支援制度一覧

(1) 旅行業法の特例	(5) 国際観光ホテル整備法の特例
(2) 農山漁村活性化プロジェクト支援交付金	(6) 道路運送法の特例
(3) 共通乗車船券	(7) 海上輸送法の特例
(4) 認定観光圏案内所	

出典：観光庁 web ページ（http://www.mlit.go.jp/kankocho/shisaku/kankochi/seibi.html）

会を立ち上げ，単独または複数の地方自治体等による協議会が観光圏整備計画を列挙し，観光圏整備実施計画を策定して，国土交通省大臣に申請する。国土交通省大臣がその申請を認定すると，国による総合的支援（**表3-2**）を受けられるようになる。

　図3-10中の観光圏の整備計画ならびに整備実施計画において，重要なものが**図3-11**の下部に示されており，それは，地域住民を巻き込んだ官民・産業・地域間の連携とマネジメント体制を構築することによって，地域ならではの魅力（ブランド）を創出・確立することが要求されていることである。**図3-11**にある絵の中にはそのための具体的な例示があり，これらの実現のため

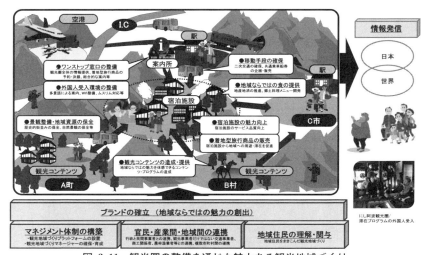

図 3-11　観光圏の整備を通じた魅力ある観光地域づくり
出典：観光庁 web ページ（http://www.mlit.go.jp/common/001047712.pdf）

に，表 3-2 の国による総合的な支援を得られるようになる。観光圏整備実施計画が認定されているのは，観光圏整備法の改正前に 16 地域，改正後に 10 地域であり，図 3-12，図 3-13 の通りである。観光圏整備実施認定地域の計画期間は，原則として，5 年程度である。

　国による総合的な支援は，観光圏内限定での旅行業者代理業や旅行業務取扱管理者に関しての特例，宿泊旅客のサービス改善・向上に関する宿泊約款の変更は国際観光ホテル整備法に基づく必要な届出をしたとみなされるなどの特例，道路運送法，鉄道事業法，海上運送法上必要な届出をしたものとみなされるなどの特例を認めている。

　また，観光圏整備計画に，「地域間交流の拠点となる施設の整備等」（農山漁村交流促進事業）に関する事項が記載された場合，「農山漁村の活性化のための定住等及び地域間交流の促進に関する法律」の規定による活性化計画の提出があったとみなし，交付金が付与される特例も存在する。

第 2 節　観光・地域振興のための様々な行政レベルでの施策　　59

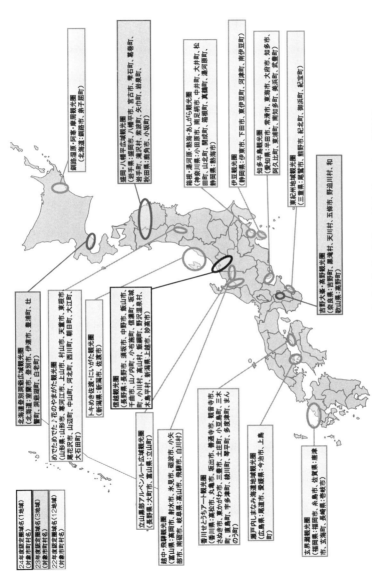

図 3-12　旧基本方針に基づく観光圏整備実施計画認定 16 地域（2014 年 7 月現在）
出典：観光庁 web ページ（http://www.mlit.go.jp/kankocho/shisaku/kankochi/seibi.html）

60 第3章 観光政策に関する近年の整備拡充と今後の課題

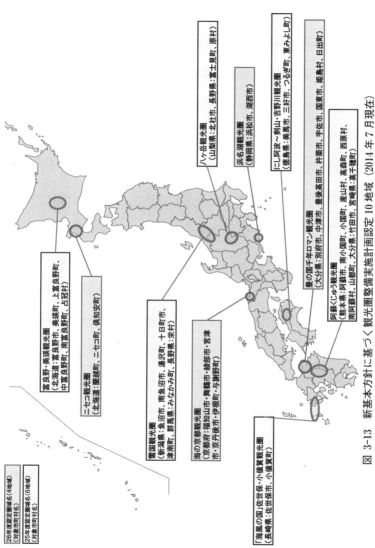

図 3-13 新基本方針に基づく観光圏整備実施計画認定 10 地域（2014 年 7 月現在）
出典：観光庁 web ページ（http://www.mlit.go.jp/kankocho/shisaku/kankochi/seibi.html）

第 2 節　観光・地域振興のための様々な行政レベルでの施策　*61*

2　観光地域づくり実践プランの実施

　観光地域づくり実践プランとは，観光圏の形成を図ろうとする単独または複数の市町村もしくは都道府県の地域を対象に，国土交通省の重点的な支援を受けて観光地域づくりを行う事業を指している。地域の多様な主体が一体となり，ハード・ソフトの連携を図りつつ観光地域づくりに取り組むための計画を策定し，観光圏の形成を図ろうとする地域は実践プランを作成することにより，国土交通省所管の事業・施策による総合的，重点的な支援を受けることが可能となる。

　図3-14 にあるように，観光地域づくり実践プランは「観光圏」を強く意識した施策である。また，**表3-3** にあるように，実際にこれを実施している地域は「観光圏準備型」が多いことが特徴である。

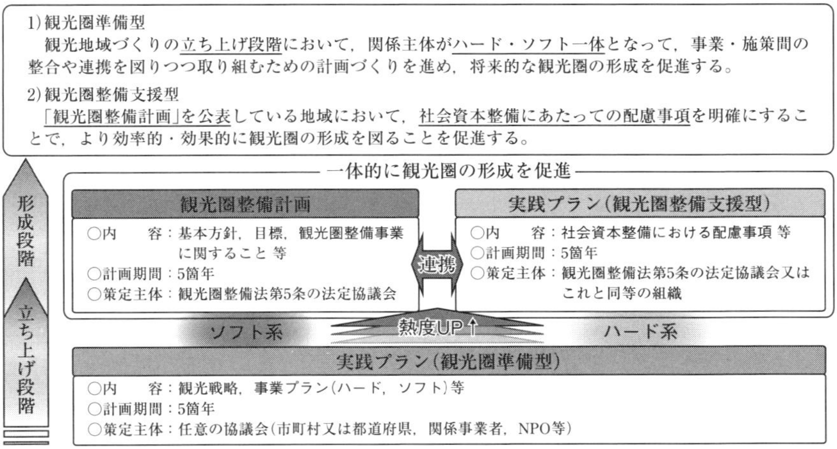

```
1) 観光圏準備型
　　観光地域づくりの立ち上げ段階において，関係主体がハード・ソフト一体となって，事業・施策間の
　整合や連携を図りつつ取り組むための計画づくりを進め，将来的な観光圏の形成を促進する。
2) 観光圏整備支援型
　　「観光圏整備計画」を公表している地域において，社会資本整備にあたっての配慮事項を明確にするこ
　とで，より効率的・効果的に観光圏の形成を図ることを促進する。
```

―――――――――――――一体的に観光圏の形成を促進―――――――――――――

観光圏整備計画	実践プラン（観光圏整備支援型）
○内　　容：基本方針，目標，観光圏整備事業に関すること 等 ○計画期間：5箇年 ○策定主体：観光圏整備法第5条の法定協議会	○内　　容：社会資本整備における配慮事項 等 ○計画期間：5箇年 ○策定主体：観光圏整備法第5条の法定協議会又はこれと同等の組織

ソフト系　←熱度UP↑→　ハード系

実践プラン（観光圏準備型）
○内　　容：観光戦略，事業プラン（ハード，ソフト）等
○計画期間：5箇年
○策定主体：任意の協議会（市町村又は都道府県，関係事業者，NPO等）

（左側：形成段階／立ち上げ段階）

図 3-14　観光地域づくり実践プランの概要
出典：国土交通省 web ページ（http://www.mlit.go.jp/sogoseisaku/region/kankoplan/index.htm）

　さらに，これとは別に，**表3-4，表3-5** にあるような観光地域づくり関連支援メニュー集というものがある[6]。これは，観光を通じた地域の活性化を図るためには，観光関係者のみならず，地域住民も含めた地域の幅広い関係者が連携し，「住んでよし，訪れてよし」の魅力ある地域づくりを実践していくこ

表 3-3 観光地域づくり実践プラン実践地域の概要

	観光圏準備型	
1	後志地域広域連携観光交流推進協議会	北海道
2	富良野市国際観光促進協議会	北海道
3	大空町観光まちづくり推進協議会	北海道
4	秋田岩手広域地域連携観光交流推進協議会	岩手県・秋田県
5	北上川流域観光地域づくり協議会	岩手県
6	雄物川観光交流地域活性化協議会	秋田県
7	環鳥海地域観光交流推進協議会	秋田県・山形県
8	山上川流域観光交流推進協議会	山形県
9	あいづ広域連携観光交流推進協議会	福島県
10	いわき・北茨城・高萩広域観光推進協議会	福島県・茨城県
11	ひたちとふさのジョイントアップ・プロジェクト推進会議	茨城県・千葉県
12	西さがみ連邦共和国観光交流推進協議会	神奈川県
13	信越地域観光交流推進協議会	新潟県・長野県
14	金沢・富山県西部広域観光推進協議会	富山県・石川県
15	能登半島広域連携観光交流推進協議会	石川県
16	加賀市観光交流推進協議会	石川県
17	まるごと白山ファンクラブ推進協議会	石川県
18	鯖街道交流推進会議	福井県・滋賀県
19	富士山四湖地域広域連携観光推進協議会	山梨県
20	駒ヶ根市もてなしのまちづくり協議会	長野県
21	信州安曇野観光ネットワーク推進協議会	長野県
22	日本ライン広域観光推進協議会	岐阜県・愛知県
23	伊豆観光推進協議会	静岡県
24	三島ルネッサンス推進協議会	静岡県
25	観光地域づくり有松桶狭間観光振興協議会	愛知県
26	伊勢二見地域観光交流推進協議会	三重県
27	「紀伊山地の霊場と参詣道」広域連携観光交流空間推進協議会	三重県・奈良県・和歌山県
28	京都・大津・宇治広域連携観光交流推進協議会	滋賀県・京都府
29	甲賀広域観光まちおこし協議会	滋賀県
30	丹後広域連携観光交流推進協議会	京都府
31	宝塚市集客交流推進協議会	兵庫県
32	奈良のむらづくり協議会	奈良県
33	鳥取観光戦略グランドデザイン推進会議	鳥取県
34	隠岐島後地域広域連携観光交流推進協議会	島根県
35	萩・益田・津和野圏域広域連携観光交流推進協議会	島根県・山口県
36	備讃瀬戸観光懇談会	岡山県・香川県
37	南阿波観光振興協議会	徳島県
38	秘境・四国のへそ三好観光交流推進協議会	徳島県
39	上勝アート里山の彩生研究会	徳島県
40	こんぴら地域まちづくり型観光推進協議会	香川県
41	南予広域連携観光交流推進協議会	愛媛県
42	四万十川広域観光推進協議会	高知県
43	県域中津・豊前・築上広域連携観光交流推進協議会	福岡県・大分県
44	筑後川まるごとリバーパーク	福岡県・佐賀県・熊本県・大分県
45	雲仙市観光協議会	長崎県
46	宇佐・国東半島広域連携観光交流推進協議会	大分県
47	宮古広域連携観光交流推進協議会	沖縄県

	観光圏整備支援型	
1	さっぽろ広域観光圏	北海道
2	あなたの空と大地 水戸ひたち観光圏	茨城県
3	富士山・富士五湖観光圏	山梨県
4	八ヶ岳観光圏	山梨県・長野県

出典：国土交通省 web ページ（http://www.mlit.go.jp/sogoseisaku/region/kankoplan/index.htm）

とが不可欠であることから，地域等が活用できる各省庁の支援策をまとめたものである。**表 3-5** にあるように，各地域が持っているソフト・ハードを観光や地域振興に利用しやすいよう様々な省庁が支援していることを示している。

表 3-4 「観光地域づくり関連支援メニュー集」(平成 26 年度) ①

ソフト事業	
Ⅰ まちの魅力を向上したい！	
観光地域づくり相談窓口	国土交通省観光庁
観光地ブランド確立支援事業	国土交通省観光庁
地域づくり活動支援体制構築事業	国土交通省
半島地域活性化基盤形成事業	国土交通省
地域おこし協力隊	総務省
地域資源活用ネットワーク構築事業	経済産業省
地域力活用新事業全国展開支援事業	経済産業省中小企業庁
Ⅰ—1．特に…雇用機会を創出して事業をすすめたい！	
実践型地域雇用創造事業	厚生労働省
Ⅰ—2．特に…専門家の知見を活用したい！	
観光地ビジネス創出の総合支援	国土交通省観光庁
外部専門家（アドバイザー）招へい事業	総務省
Ⅰ—3．特に…文化・芸術関係の取組をしたい！	
劇場・音楽堂等活性化事業	文部科学省文化庁
地域発・文化芸術創造発信イニシアチブ	文部科学省文化庁
地域と共働した美術館・歴史博物館創造活動支援事業	文部科学省文化庁
文化遺産を活かした地域活性化事業	文部科学省文化庁
Ⅰ—4．特に…エコツーリズムの取組をしたい！	
森林・山村多面的機能発揮対策交付金（うち森林空間利用タイプ）	農林水産省林野庁
生物多様性保全推進交付金（エコツーリズム地域活性化支援事業）	環境省
Ⅰ—5．特に…特産品を作りたい！売りたい！	
伝統的工芸品産業支援補助金	経済産業省
中小企業による地域産業資源を活用した事業活動の促進に関する法律に基づく地域産業資源活用事業計画の認定	経済産業省中小企業庁
小規模事業者等 JAPAN ブランド育成・地域産業資源活用支援事業	経済産業省中小企業庁
Ⅰ—6．特に…地域を移動・回遊しやすい環境をつくりたい！	
歩行者移動支援の普及・活用の推進	国土交通省
Ⅱ まちの魅力を発信したい！	
ビジット・ジャパン地方連携事業	国土交通省観光庁
日本政府観光局（JNTO）による地方コンサルティング	日本政府観光局
みなとオアシス	国土交通省
公共クラウド構築事業	総務省

出典：観光庁 web ページ（http://www.mlit.go.jp/sogoseisaku/region/kankoplan/index.htm）

　以上，みてきたように，観光を題目とした地域振興となる施策が，地方公共団体に対し示されている。伊豆観光圏（旧基本方針に基づく観光圏整備実施計画）のように，観光圏と観光地域づくり実践プランが重複するようにしている地方自治体もあり，これらの地域は観光地域づくり関連支援メニュー集にある，各省庁の支援策を利用していると考えられる。

むすびに

　本章では，観光政策に関する近年の整備・拡充を紹介してきた。観光立国推進基本計画にあるような，将来にわたる豊かな国民生活の実現のため，地

表 3-5 「観光地域づくり関連支援メニュー集」(平成26年度) ②

ソフト&ハード事業	
Ⅲ まちの基盤を整備して魅力を向上したい！	
社会資本整備総合交付金	国土交通省
官民連携による地域活性化のための基盤整備推進支援事業	国土交通省
離島活性化交付金	国土交通省
地域再生制度	内閣府
Ⅲ—1. 特に…景観等の基盤を整備したい！	
街なみ環境整備事業	国土交通省
Ⅲ—2. 特に…歴史・文化を活かしたい！	
地域における歴史的風致の維持及び向上に関する法律に基づく歴史的風致維持向上計画の認定制度	文部科学省・農林水産省・国土交通省
文化財建造物等を活用した地域活性化事業	文部科学省文化庁
地域の特性を活かした史跡等総合活用支援推進事業	文部科学省文化庁
Ⅲ—3. 特に…交通関係の基盤を整備したい！	
地域公共交通確保維持改善事業	国土交通省
地域交通のグリーン化を通じた電気自動車の加速度的普及促進	国土交通省
超小型モビリティの導入促進	国土交通省
Ⅲ—4. 特に…農林水産業を活かしたい！	
農山漁村活性化プロジェクト支援交付金	農林水産省
都市農村共生・対流総合対策交付金	農林水産省
「農」のある暮らしづくり交付金	農林水産省
美しい農村再生支援事業	農林水産省
6次産業化ネットワーク活動交付金	農林水産省
6次産業化ネットワーク活動支援事業	農林水産省
農林漁業成長産業化ファンドの本格展開	農林水産省
森林・林業再生基盤づくり交付金 (うち森林づくり活動基盤の整備)	農林水産省林野庁
Ⅳ 特例措置 (特区) を利用してまちの魅力を向上したい！	
構造改革特別区域制度	内閣官房・内閣府
総合特別区域法に基づく総合特別区域制度	内閣府
総合特区推進調整費	内閣府
総合特区支援利子補給金	内閣府
国際戦略総合特区に係る税制上の特例	内閣府
地域活性化総合特区に係る税制上の特例	内閣府

出典：観光庁webページ (http://www.mlit.go.jp/sogoseisaku/region/kankoplan/index.htm)

域の創意工夫を生かした主体的な取組みを尊重し，地域住民が誇りと愛着を持つことのできる活力に満ちた地域社会の持続可能な発展のために，関係省庁が地域振興のために，従来とは異なった方法で様々な支援を準備している。

　これだけの観光・地域振興に関しての様々な施策や，観光統計を整備・拡充しているが，観光・地域振興のために費やされた額は殆ど公表されていない。観光圏や観光地域づくり実践プランを用いた場合，その対象は複数の地域や地方自治体等であることが多いためであろう。しかしながら，地域の協議会または地方自治体による観光・地域振興の収支を示すことは可能であり，どのような特性を持った地域がどのような性質の支出を行ったのかを明らかにすることで，観光・地域振興についてのマネジメントの観点から多くのケー

ススタディが進むと思われる。

注

1）NUTS（Nomenclature des Unités Territoriales Statistiques）とは，EU における管理領域である。NUTS の地域区分は人口規模で分類され，NUTS1 は 3,000～7,000 千人，NUTS2 は 800～3,000 千人，NUTS3 は 150～800 千人である。
2）このアンケート調査における調査対象事業差の分類方法は TSA と重複したり，異なっていたりする。TSA 観光産業分類では，宿泊サービス，飲食サービス，旅客輸送サービス，輸送設備レンタルサービス，旅行代理店その他の予約サービス，文化サービス，スポーツ・娯楽サービス，小売である。日本標準産業分類（平成21年経済センサス−基礎調査産業分類）との比較については，http://www.mlit.go.jp/common/000223854.pdf を参照されたい。
3）市町村レベルの地方自治体による観光振興計画は数が多く，本稿を執筆時にはその数を把握しきれなかった。
4）それぞれについては，http://www.mlit.go.jp/kankocho/kanko_jyourei.html を参照されたい。
5）正式名称は，観光圏の整備による観光旅客の来訪及び滞在の促進に関する法律であり，2008年制定され，2012年改正されている。
6）これとは別に平成24年度までは，観光地域づくりプラットフォーム支援事業というものであった。

引用・参考文献

a．和文文献

・岡田允「福岡市における福岡城・鴻臚館復元整備の経済波及効果について」都市政策研究　第15号，2013年，61-71頁。
・直野智和・小野宏・下田憲雄「旅行客・観光客の消費がもたらす県内産業への経済波及効果について」経済論集，大分大学経済学会，2013年，113-148頁。
・守屋邦彦「インバウンド観光推進の意義と今後の取り組み」日本政策金融公庫論集第22号，2014年，71-83頁。
・国土交通省「旅行・観光産業の経済効果に関する調査研究Ⅳ」，2012年。
・国土交通省（2009）「観光白書」，2009年。
・国土交通省総合政策局観光企画課「我が国の観光統計の整備に関する調査報告書」，2005年。
・観光地域づくりの支援に関する関係省庁勉強会「観光地域づくり関連支援メニュー集」，2004年。

（大濱賢一朗）

第4章 国内における観光と物流事業
──消費者物流と観光の接点──

はじめに

　物流研究は，主に物的流通に関する領域を対象とする研究分野である。通常，旅客に関する領域は交通研究の領域であるとして，研究対象から除くことが一般的である。また観光の領域は，観光客自身が需要を発生させその観光地での購買行動が物流と関係するため，交通としての人の流動いわゆるヒューマントリップに関する研究対象と位置づけられる事が多い。ただし近年，国内観光の趨勢や外国人観光客の誘致，その他派生する輸出入に関わる経済活動の促進を考えた際，物流の視点から観光を捉える見方の必要性が増しているといえる。

　そこで本章では，人（ヒト）ではなく物（モノ）を対象として観光を捉えることはどのような領域に属するのかを物流事業の側から整理し，今後の在り方について検討したい。

第1節　観光と物流事業

　本節では観光に対して物流がどのように関わっているかについて，観光に対する交通と物流の違い等より検討する。

表 4-1 観光研究に関する交通と物流の接点

	交通	物流
観光	・観光地と観光交通 ・観光交通（自動車，バス，タクシー，鉄道，地下鉄，航空）の運用・拡充 　（例　観光バスのあり方　LCCの増加など） ・交通産業の規制緩和 ・交通渋滞の緩和など社会的課題への対応	・観光地での手荷物など搬出入 ・観光行動と物流機能の関係性（輸送・保管など） ・物流事業における新サービス ・消費者物流とターミナルや着地（観光地，宿泊先など）を支える取り組み

出典：筆者作成

1　観光研究に関する交通と物流の接点

　古来，人々は旅をする場合において，輸送手段が発達するまでは必要な装備を身につけて携帯し，旅先から無事に帰るまで人と物は一体となって移動していた。その後，移動手段が動物（馬，牛など），輸送に関わる什器（大八車，ベコ車など）さらには輸送機関（船，鉄道，トラック，航空）へと整備，発展する過程において，人と物が分離独立していくことになる。この意味では，ヒトの移動手段（交通）とモノの輸送手段（物流）が一体化していた段階から分離していく過程において，観光も大きく発展する歴史を歩んできたといえる。

　表 4-1 は観光分野に関係する交通と物流の接点を示している。例えば，観光客の移動手段としての観光交通は多岐にわたるが，その利用者の変化の動向を完全に追うことは難しいのが現状である。具体的には，普段自動車を運転しない女性やお年寄りについては，主に観光には電車が用いられることが一般的であるものの，それでもあらかじめ移動手段を予想して観光客を呼び込むことには限界がある。だが，特にレンタカーなどにおけるヒューマントリップを把握することは公共交通の研究としては重要な分析視点であるだけに，観光分野に対するアプローチの視点を具体的に持つ必要がある。以下，交通からみた観光と，物流からみた観光の視点で整理したい。

2　交通事業からみた観光

1）交通と観光の接点

　第1に，観光地と観光交通の視点が重要となる。日本国内の観光地は，各種公共交通機関を利用してくる観光客を想定しており，重要な輸送機関が備わっていることが前提である。観光地へのアクセスを確保することで，様々な地域から観光客を呼び込むことができる。また空港や鉄道の駅へ降り立った後，最終的な観光目的地までの二次交通機関の拡充も重要である。特に利用者が再びその地への観光を考える際，評価の対象となるものである。

　第2に，観光交通（自動車，バス，鉄道，航空）の運用・拡充の視点である。例えば観光バスでは，長距離格安バスの安全性の問題など，メニューの充実とともに観光客としての利用者のニーズをどう調整していくかが課題である。また航空分野においても，国内線の格安航空としてのLCC（ローコストキャリア）の増加などにより，移動手段の選択肢の幅が広がっている。

　第3に，交通産業の規制緩和である。公共交通という性質上，バスやタクシーの運用には，コストとサービスの関係性に採算性，事業性の問題が関連してくる。マイカーによる観光と公共交通による観光をどのように進めていくべきか，国や自治体がどのようにインフラ投資を含めて整備していくのかが課題である。

　第4に，交通渋滞の緩和など社会的課題への対応がある。観光シーズンの交通量増大に対応するためのバイパス道路の整備や交通規制など，住民の生活路線との調和を図りながら観光分野の検討を進めていくことが求められている。

2）観光交通論による検討

　研究分野としては観光交通論として展開している。永井［2000］によれば，観光交通とは「ツーリストの空間移動（モビリティ）のメディアであり，観光行動・観光現象の一部を構成する」[1]と定義している。これはLeiper［1995］による観光システムにおける3つの地域，すなわち観光者創出地域，観光者訪問地域，通過路地域で構成される概念[2]を発展させたものである。

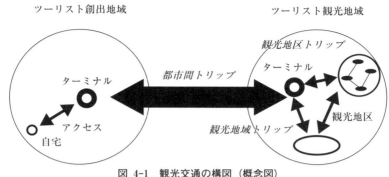

図 4-1　観光交通の構図（概念図）
出典：永井［2000］，p.21 より作成

　また航空，港湾，道路，旅客船は観光の基盤施設であるが，観光だけではなく，通勤，通学，買い物等の利用など用途が混在している点が指摘されている。溝尾［2001］によれば，観光交通論は観光を念頭においた旅客交通論とされている[3]。

3　物流事業からみた観光

1）物流と観光の接点

　第1に，観光地での観光客の手荷物など搬出入が代表的な接点である。後述する手ぶら観光などに象徴される，観光客の活動範囲のアクティビティを支援する取り組みなどが関係する。

　第2に，観光行動と物流機能の関係性についてである。多くは，観光客の移動行動に関連して派生してニーズが発生する。輸送時の荷物の重さや手間を解消する目的で，都市部の観光時におけるコインロッカー以外の一時保管サービスなど，物流6機能に関連するサービスの需要が発生している。

　第3に，物流事業における新サービスについてである。現時点では，観光情報をWebやSNSなどの媒体から事前に入手したのちに，観光地での利便性を高める各種サービスを踏まえた観光活動が広がってきている。

　第4に，消費者物流がターミナルや着地（観光地，宿泊先など）を支える取り

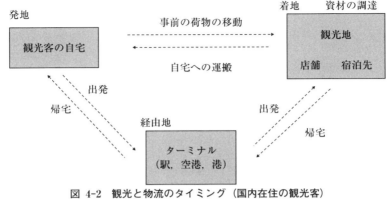

図 4-2　観光と物流のタイミング（国内在住の観光客）
出典：筆者作成

組みである。全国各地の観光地を巡る観光客の中には，すでに宅配便やネット通販などのサービスを体験している人も多い。旅行前でなく現地で，Wi-Fi などのネット環境を通じてイベント情報を確認したり，各種物流事業者が展開している手荷物サービスなどの情報をキャッチしたりして，活用する動きが広がっている。今後 2020 年東京オリンピックに向けた観光政策が採られるため，外国人観光客を含めたサービス展開が必要となる。

2）観光に対する物流の領域

観光研究において，物流を正面から取り上げた視点は少ない。これは，観光においては物流は派生的に発生するためで，観光客による事前や観光中の荷物の移動に対して需要が生まれると考えられる。このため，観光地，宿泊先，店舗に出向いた後の消費行動や，魅力的な観光地のあり方といった面に視点が行きがちになる。物流との接点を挙げると以下の領域になる（図4-2）。

観光と物流のタイミングを国内在住の観光客のケースをもとに考える（日本に暮らす「外国人」を含む）。日本在住の観光客が観光地に行くまでには，観光客の自宅を発地として，経由地としてのターミナル（駅，空港，港）を利用し，観光地に赴くことになる。その際，宿泊先を利用し，観光地周辺で遭遇する店舗を回り，観光を楽しむことになる。これは着地に該当し，資材の調達な

表 4-2 観光との接点が想定される物流機能

物流機能	想定される場面	事例
輸送	交通機関の移動支援（鉄道，地下鉄，バス，空港，港の手荷物の手配）	・スキー宅急便，ゴルフ宅急便，自転車の輸送 ・手ぶら観光
保管	商業施設など短期的な手荷物預かり	東京駅でのコインロッカー
荷役	・旅行客向けポーターサービス ・大型什器による荷役の理解	・東京駅での外国人向けのクローク ・港湾荷役の見学（産業観光）
流通加工	自宅への宛名書きの電子化	ヤマトのカード，送り状の外国語化
包装	海外への発送	輸送時の梱包資材の開発
情報	観光地の情報入手	輸送履歴，上記機能によるサービスの案内（web）

出典：筆者作成

どが必要となる。その後，再びターミナルを経由し，観光客は帰宅する。自家用車やバスを利用する場合は，高速道路（道の駅）などが経由地となることも想定される。こうした観光客の動きの中で，物流が関連していく構造となっている。

4 物流領域における消費者物流の位置づけ

消費者物流は，ヤマト運輸に代表される宅配便のように，物の移動との関連で消費者が出てくる考え方である。ネット通販や，高齢者の生活面を重視した生活物流という視点も提案されている。スポーツレジャーやその他の多様な消費者のニーズに応える形で，様々なサービスが展開されている。

表4-2に，観光との接点が想定される物流6機能を示す。

輸送に関しては本章で検討する手荷物のサポートが中心である。これまでの宅配事業者が提供してきた消費者物流に加えて，外国人観光客を意識した「手ぶら観光」が挙げられる。保管に関しては，観光地でのターミナル（図4-2）での一時預かりである。東京駅でのコインロッカー不足解消という利便性の側面もある。荷役では，外国人向けのクロークとして機能するためのJR EAST Travel Service Center クローク東京駅丸の内北口店での例があ

る。また直接観光客が関わるサービスではないが，観光先の産業観光としての機会としての荷役機能の理解がある。流通加工，包装に関しては，観光中の自宅へ荷物を送る際に必要な宛名書きや梱包のフォローが該当する。情報機能は，Webで提供される様々な観光地の情報提供であり，他の機能の知りうる前提となる観光行動を左右することになる。

5　スポーツレジャーと物流

表4-2の輸送に例示したスキー宅急便（発祥地は長野県），ゴルフ宅急便（発祥は神奈川県厚木）などは，スポーツレジャーに関するものとして代表的なサービスである。ヤマト運輸では1983年と1984年にそれぞれ開始している。消費者物流の一環として，決められた事前の日時で自宅等から送れば，使用する場所に送り届けてくれるサービスである。これまで，物品移動の必要から自家用車の使用を余儀なくされていたスポーツの機会が拡大されるとともに，物品の移動にかかる疲労低減による利用者の便益向上につながっている。結果的には，スポーツ活動に集中できるため，往復にあたって自家用車の他にバス・鉄道といった移動手段の選択肢が広がり，レジャーへの参加増を可能にしている点が特徴である。

6　高速道路と物流・観光の関係

高速道路が開通することによる効果については，物流・観光の両面で期待されている。

例えば圏央道については，東名高速道路，中央自動車道がつながり，さらに関越自動車道も含めると3つの高速道路が結びあうことで，渋滞発生地域の都心が回避され，東海地方と北関東方面が結ばれることで物流や観光両面に効果があるとされている。新東名高速道路（新東名，浜松いなさ―豊田東間）については，「愛知県区間」は東名高速道路と並行して走っており，渋滞解消の効果を期待し，着工が進められている。すぐ南を走る東名高速の音羽蒲郡IC付近は交通渋滞の名所であり，開通が悲願とされていた。東九州自動車

道の日向―都農（つの）区間においても，宮崎県内で宮崎市から北の区間 128 キロが高速道路で結ばれる。交通の不便さが指摘されていた宮崎県において，物流や観光の活性化など県経済への影響に期待がなされている。高速道路のようなインフラの整備は，観光客自体の移動のほか，観光地へのアクセスの拡大といったように観光地の魅力にも貢献するものである。

　また，上記インフラ利用としての拡充のほか，高速道路を走るトラックに対するユニークな取り組みとして「ラッピングトラック」の取り組みも見られる。ラッピングトラックのなかでも，広告のみではなく実際に貨物を積載し，そのボディー部分になんらかのポスター機能を施したトラックが注目される。全日本トラック協会の広報でもいくつかの取り組みが紹介されている[4]。例えば，『富士山，ふじのかみ』丸嶋運送㈱富士営業所（静岡県），『岐阜城，織田信長公，鵜飼』濃飛倉庫運輸㈱（岐阜県），『山形市トラック観光大使プロジェクト』寒河江物流㈱・㈱ティスコ運輸・晃永運輸㈱・トヨタライン㈱（山形県）などがあり，各地の観光の広告塔としてトラックを活用している。

7　空港における物流

　経由地に関わるターミナルとして空港の位置づけに注目したい。空港は商品を納めている業者にとっても，帰国前の土産品などの販路として重要である。観光客の増加，あるいは後述する海外観光者からの視点も含めて，観光地としての空港の位置づけも注目される。

　また航空貨物便の事例も生まれている。これは，ANA の報道[5]によれば，航空貨物便として運行している深夜の時間帯を，旅客飛行機として活用する動きである。貨物機を用いたフレーター便に対して旅客機の腹部の貨物室を用いたベリー便が存在するが，ベリー便の有効活用と今後の日本の観光業への貢献の可能性として注目すべき事例である。すでに貨物専用機として購入している航空機の機内の一部を変更し，乗客を乗せるという新たな取り組みであり，物流と観光のひとつの接点になるといえよう。

8　観光施設としての高層建築物内での配送

　首都圏ではビル内配送の事例がある。佐川急便が東京タワーや各地の商業施設において，地方からの観光客が購入した土産品の輸送などを担うものである。

　商業ビルテナントにおける可能性に関しては，管理ノウハウが蓄積されている。佐川の事例のように東京タワーや東京スカイツリーなどについては，新商業施設の一元管理により，音のしない台車の開発などが進められている。商業ビルテナントは集客効果も大きく，これまで法人向けに提供してきた物流のノウハウを活かせる対象である。

　これまでにない消費者物流の新しいサービスの提供先として位置づけることも可能であろう。スカイツリーなどの高層建築物での観光地化は国内でも大きく展開し，配送面での高度化が期待できる。

第2節　海外からの観光と物流

　本節では，海外からの観光客と物流の領域からの視点について考察する。

1　観光客と物流の現状

　観光客は，なんらかの情報をもとにその国や地域に出向き，その観光場所に向かうことになる。そこでは，観光資源としての観光を行うと同時に，その土地の土産品を店先で購入する。観光先での土産品購入は，古くから日本国内で盛んであった。そこで，人々が観光地に出向くとその地で日本式の文化に習った土産品購入が慣習化し，海外への自宅配送サービスなどの物流サービスが提案される機会となる（図4-3）。

2　観光客と国際宅配便

　これからの展開が期待されるものの，観光と国際宅配便の関係については不明な点も多い。日本にきた観光客が自国に帰る際に直接，送り届けるとい

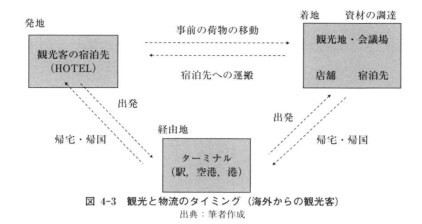

図 4-3　観光と物流のタイミング（海外からの観光客）
出典：筆者作成

う視点である。帰国後は直接取り寄せるという視点にも繋がる。日本国内の大手宅配事業者がすべて世界的に展開しているわけではないため，料金の面も含めて今後の展開が期待される。

　外国人観光客と物流を考えてみた場合，外国人に人気の観光地には，東京（秋葉原），大阪，博多などがある。家電を求めての観光では，特に近隣の中国・韓国の観光客については，国家間の情勢変化により捉え方が難しくなっている。

　国内物流事業者の提供サービスの範囲もアジア全域に拡大しつつあり，外国人観光客へのサービスが拡大する可能性を持っており，シンガポール，台湾，上海などに順次，アジア全土に宅配便サービスは広がりを見せ，配送エリアを広げている。時間帯指定サービス，決済サービスの展開が観光客の自国で広がれば，国内の物流事業者のブランドに対する信頼感が向上し，訪日観光時のサービスに対してもスキー宅急便，ゴルフ宅急便などモノを預けるというサービス利用の信頼性が向上すると考えられる。

3　日本にくる外国人観光客の購入からみた物流

　外国人がモノを日本の観光地で買う場合，もって帰る（ハンドキャリー）か，

国際宅急便もしくはその他の輸送手段を確保する必要がある。また購入者がアジアの外国人のみか，具体的にはどの国の外国人が購入するのか，日本の家電の持ち帰りについても今後も見通しは不透明である。秋葉原が観光地として家電の販売を続けることができるのかという問題も指摘されている。そもそも直接持ち帰ることができる家電の種類には限界があり，旅先で必要な商品や土産品は，電池やスマートフォンケースなど，気軽に購入できる商品となっている。いわゆる"三種の神器"のような比較的大きな家電の売上増が見込めれば，観光地周辺での物流センターの拡張なども注目されるところであるが，ネット通販による購入に押され，売上の伸び悩みが続けば大規模なセンター整備は難しい。

　この意味において，外国人観光客が購入できる家電は，デジカメ，ノートパソコンなどの持ち帰り可能な商品に限定される。アマゾンなどの通信販売に押され，外国人観光客などの需要はごく一部にとどまっているのが現状である。加えて，LCCの拠点となった関西国際空港では，アジアからの観光客が難波や日本橋の家電量販店で購入する動きが期待されながら，LCCは機内持ち込み荷物の制限が厳しいことが指摘されている。日本への観光客が富裕層から一般層に広がりLCC利用客が増えても，大きな荷物を預けたりすれば別料金がかかるため効果は限定的であるといえる。

4　北九州における家電の事例

　これまで日本国内では，政策的に国内に観光客を呼び込もうと，さまざまな対策が講じられてきた。日中関係が問題視される前は，北九州に家電を求め，高速船で来日し，観光客が押し寄せる時期もあった。こうした事例は日本から海外への商品の移動を支える取り組みであったが，当時は，観光客自身が直接来日しその場で持ち帰る対応が一般的であった。

　昨今の情勢変化により，国内最大級の家電共同配送となる予定であった福岡県での人工島（福岡アイランドシティ）での取り組みが，計画変更を余儀なくされた。このように，観光客をターゲットにしたビジネスモデルは，経済不

況，天候不順，国内動向，政治不安などが重なるなどすると，状況は大きく変化することになる。残念ながら本事例自体は，平成22年9月に電機メーカー・家電量販店などを中心とした産官学による「臨海部物流拠点形成を図るエリア」における次世代型物流体系の再構築として注目され，共同の物流センターを開設し対応しようとした時期もあったものの，その後の経済不況や種々の要因により，規模は大幅に縮小するケースとなった。

5　手ぶら観光と物流

　現状，外国人による訪日旅行は個人によるものが多数であり，その多くは自分で大きな荷物を持って日本国内を移動している。自ら荷物を運ぶ必要がなければ，訪日外国人旅行者の利便性が向上し，観光立国の推進に資すると考えられる。このため，国土交通省と観光庁では2020年東京オリンピック・パラリンピックまでに，訪日外国人旅行者が日本の宅配運送サービスを利用し，手ぶらで観光できる環境を定着させるための検討を行なっている。

　かつて1980年代に，交通公社の「修学旅行荷物宅配サービス」に代表される，観光地を回る修学旅行生向けのサービスが発表された[6]。ただ，修学旅行という目的ゆえに学校方針としての見方も加わり，先行きは不透明であった。その後，全国各地の取り組みとして，主に駅や空港といった交通機関に到着した時点で宿泊先まで荷物を送り届けるサービスに関して，鳥取，石川，岡山などで一定の取り組みが始まっている。

　以下，手ぶら観光の展開について，観光誘致の具体策を挙げて検討する（表4-3）。例えば，ヤマト運輸と信州・長野観光協会は2013年3月，長野県を訪れる観光客の利便性向上と長野県のイメージアップを図るため，包括的連携協定を締結した。主な取組みには，駅に隣接する市町村観光案内所において，愛称「信州・手ぶら便」サービスの提供や，信州を表象する「信州・観光スリーター（仮称）」による環境に配慮した集配，「信州・ご当地BOX」による県産品などの宅配などを行っている。また，滞在期間という短時間のなかでの宿泊施設等への手荷物の宅配という分野にも広がっている。

表 4-3 国内の主な手ぶら観光の実施地域

実施事業者	場所	料金	条件	物流事業者	目的	運用開始
函館タクシー	函館空港（1階）到着ロビー内【手ぶら観光受付（カペラ）】	手荷物1個につき片道/500円（税込）・往復/950円（税込）	・空港で8:00～12:00迄に受付→ホテルに13:00にお届け ・空港で12:00～15:00に受付→ホテルに16:00にお届け	函館タクシー	手荷物だけ別行動で，身軽に，観光や仕事	2011年7月
鳥取県の観光情報の提供などを手掛けるNPO法人，大山中海観光推進機構（伯耆町）	米子空港 空港到着ロビーの総合案内所	荷物1つにつき600円。	米子空港から観光客の荷物を宿泊先まで有料配送するサービス。で観光客からスーツケースなどを預かり，米子駅前や皆生温泉などのホテルや旅館まで届ける。受付時間は米子―ソウル線の到着時刻に合わせ，日・火曜日の午後2～3時と金曜日の午前11時～正午。米子―羽田線の乗客も利用できる。	赤帽鳥取県軽自動車運送協同組合	到着後に重い荷物を持たず，そのまま観光地に向かえる利便性をPRし，米子―ソウル線の利用促進などにつなげる	2013年1月
信州・長野観光協会	軽井沢駅3階北口観光案内所内	1000円程	愛称「信州・手ぶら便」サービスを提供や，信州を表象する「信州・観光スリーター（仮称）」による環境に配慮した集配，「信州・ご当地BOX」による県産品などの宅配	ヤマト運輸	長野県を訪れる観光客の利便性向上と長野県のイメージアップを図るため	2013年3月
北陸3県や西日本旅客鉄道（JR西日本）などでつくる「北陸三県誘客促進連携協議会」	金沢駅	1個500～700円。	金沢駅にある石川県金沢観光情報センターで荷物を受け付ける。宿泊先が金沢市内の場合，受け付けは午後2時15分までで，午後5時までに届く。最も遠い輪島市や珠洲市など「奥能登地域」は午後0時15分までの受付で，午後8時には届く。	受付と配送の実務はヤマト運輸	駅で電車やバスを降りる人が身軽に動けるようにし，金沢市内を巡る観光客を増やす	2013年12月
一般社団法人長崎国際観光コンベンション協会	受付場所/JR長崎駅構内総合観光案内所	手荷物1個200円	受付時間/8:00から14:00 配送時間/宿泊先に受付当日の17:00までにお届け	不明	着いたら預けて，身軽に観光	2014年4月
西日本旅客鉄道（JR西日本）岡山支社	岡山駅構内に手荷物サービスの新拠点 新幹線改札口の隣に「JR岡山駅ねこのステーション」	1荷物あたり500円。	午後1時半までに荷物を預ければ，岡山・倉敷両市内の宿泊施設21ヵ所に午後5時ごろまでに配送	ヤマト運輸（東京）	同駅構内のコインロッカー不足解消	2014年7月

出典：各種新聞記事[7]より筆者作成

各事例に共通するのは，ターミナルにおいて観光客の手荷物を預かり，彼らが市街地や観光地を散策している間にホテルなど宿泊施設へ手荷物を宅配するサービスであるという点である。ただし，利用者のほとんどは日本人（ないし国内在住者）に限定されており，外国人観光客は自国の物流事業者に対するイメージとして荷物の紛失等の懸念を示しているため，導入は限定的である。

なお，オリンピックを見越した手ぶら観光の促進に関する中間とりまとめ（平成26年4月）では，観光白書には**図4-4，図4-5**の対象エリア（①到着地空港（国内）から国内目的地（ホテル等）までの配送，②国内量販店等から出発地空港（国内）等までの配送，③国内目的地から国内目的地（ホテルからホテル等）までの配送，④空港，駅，商業施設等における一時預かり）を想定している。

具体的には，訪日外国人観光客向けに提供すべき宅配運送サービス等の内容（対象エリアは首都圏及び近畿圏の都市部）として，訪日観光中に利用が想定される宅配運送サービス等を示している。特に，空港→宿泊先（当日），最終宿泊先→出発空港（当日），宿泊先間（当日），「駅，商業施設等における一時預かり」のニーズが高く，特に最終宿泊先→出発空港（当日）については既存サービスがほとんどないため，新設が望まれるとしている。

6　北海道国際輸送プラットホームの取り組み

外国から来た観光客が，前述のように土産品の購入に積極的に踏み込んでいるかというと，実は課題も残されている。特に北海道における外国人観光客の土産品購入に関しては，道内各地を周遊観光するものの現地での購入が進んでいない。その理由は持ち運びが手間である事が原因と指摘されている。また，北海道開発局の検討[8]によれば「購入するお土産品の多くが温度管理の必要のないお菓子等が中心であり，外国人観光客は北海道の特産品である農産品・水産品といった生鮮品を道内各地で食すことはあっても，自国に持ち帰ることはできないという認識を持っている」と指摘している。

これに関連して，道産品海外販路拡大セミナーなどを開催する「北海道国

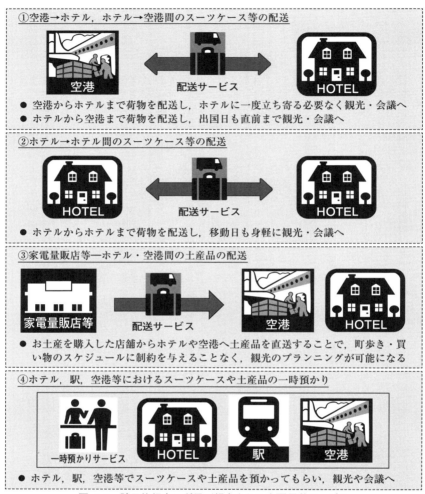

図 4-4　訪日旅行中に利用が想定される宅配運送サービス
出典：国土交通省資料

際輸送プラットホーム推進協議会」[9)]では，北海道産品の輸出拡大・物流活性化に向け，商流・物流の課題双方に取り組む「北海道国際輸送プラットホーム」の構築に向けて，平成24年9月から台湾・香港・シンガポール向けに

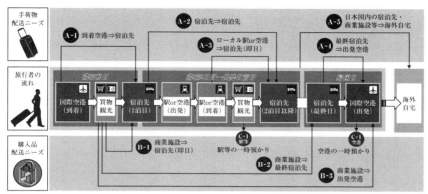

図 4-5 手ぶら観光サービスの利用が想定される場面
出典：国土交通省資料

表 4-4 海外からの観光行動と評価

場所	観光行動	事前事後評価
自国	観光地のイメージを膨らませる	観光情報の入手
観光先（日本）	観光中、主な各地の物産について触れる	輸出商品の促進
自国	観光後の理解	旅行先での商品を自国で購入

出典：筆者作成

「HOP1サービス」（小口冷凍・冷蔵航空輸送サービス）を開始している。

表4-4は海外からの観光行動と評価を示している。外国人観光客は、観光前行動として、観光地の情報を事前に入手しイメージを膨らませる。その後、実際に観光先で各所の物産に触れることになる。帰国後も、当時触れた食べ物などの物産について機会があれば自国で購入したいという需要を生み出すことになる。特に、日本の関係団体にとって、日本での輸出商品の拡大は大きな課題であり、観光中の観光客の評価だけでなく帰国後の物産の拡大に向けて、物流分野での展開が期待されている。

第3節　今後の観光と物流との関わり方

観光と物流との接点として新動向について，将来を予測することは難しいものの，現在の展開としては以下が考えられる。

1　新しい観光に対する新サービスの展開

観光地としての自転車イベントやマラソン・イベントなどにおける，新サービスの展開も見られる。自転車などのイベントを支援する際，その搬出入を支援する取り組みである。古くはスキー宅急便やゴルフ宅急便などのサービスが存在していた。健康増進のためのスポーツ振興と物流の関係である。

今後も富士山などの世界遺産，神社仏閣のパワースポット，日本の伝統としての式年遷宮などの大祭，グリーンツーリズムなどは，地域の状況に詳しい地元の物流事業者が参入できる機会となるだろう。これらの分野では，対象とする観光地を訪れる人々が支出する交通費などの費用と，利用のために費やす時間の機会費用を合わせた旅行費用（旅費）を求めることによって，訪問価値（経済価値）を算出し評価する方法でチェックされてきた。このような顕示選好法に，環境評価手法としての代表的な分析手法であるトラベルコスト法（TCM）の検討などを組み合わせて実施していく必要がある。これまでの主な適用事例としては，国立公園の整備，都市公園の整備，緑地整備などが中心であったが，これからの新しい観光に対する検討にも応用していく必要がある。

2　産業観光資源としての物流

須田［2009］による産業観光資源の項目をもとに，物流に関係する項目を表4-5のように整理する。交通・通信分野を抽出すると現在のところ，物流研究として整理するためには，物流博物館のほか，各地域の博物館や工場などの産業遺産との関係で見なおして観光資源化を図る必要があろう。

表 4-5　物流に関連する産業観光資源

分野別	交通・通信
歴史的産業文化財※ （明治初期以前）	かご，人力車，荷車，橋，のろし，半鐘台，ろかい舟，船着場，古灯台，運河
近代化産業文化財※ （明治中期―昭和）	動力船，造船所，灯台，鉄道車両，鉄道構造物（トンネル等），自動車，通信設備，道路構造物，港湾・荷役設備，閘門　航空機等
生産現場（工場―工房） （現在稼働中のもの）	鉄道現場（駅，工場等），造船所，空港，港湾

出典：須田［2009］，p.114 より筆者作成

3　物流センターの観光地化の可能性

物流不動産の計画と見直しが行われている。見学コースを含めた設計が必要といえよう。

ヤマト運輸のハブ構想も注目される。ヤマト運輸が建設した羽田クロノゲート[10]の見学は代表的な事例である。見学コースで，宅急便をはじめとした物流のしくみ，そしてヤマトグループのめざす物流の未来「バリュー・ネットワーキング」構想を，実際の設備や展示，アトラクションを通して，体感する仕組みとなっている。

企業を対象とした展示場として，日に新た館（滋賀県蒲生郡日野町中在寺1225）がある。㈱ダイフクが主体となって建設した見学施設である。滋賀県にあり，主に物流関係者が見学に訪れ，物流のマテハン施設の総合展示場となっている。

小中高の社会科見学，企業の新人研修のための施設として物流博物館（東京都港区高輪4-7-15）がある。少人数グループ及び団体で見学の場合，展示解説やビデオ上映を行なっており，1958年の大手町ビルにあった日本通運本社内に創設された「通運史料室」がその基礎となっている。

その他関係団体による見学施設の提供先としては，日本物流団体連合会（物流連）が斡旋する全国各地の見学施設がある。70数箇所エントリーされており，事前予約をすれば自由に見学することができる制度である。物流連では，

小学生・中学生・高校生・大学生および学校関係者に対して「物流見学ネットワーク」と称し，物流業に対して広く認識を深めるため，全国各地の物流施設の見学会を斡旋している。

　高橋［2014］は観光物流の可能性について検討している[11]。物流センターを観光地として一般の方々にみてもらうとする試みである。現在，工場見学をしたいと考える方々が増えており，産業遺産を見学コースにしようとする試みは，日本国内での世界遺産の見学者増によって全国各地で展開されている。これまでは，生産工場に視点が集まり，物流事業の観光地としての価値の部分については注目されてこなかったといえる。

　この一環として物流センターに対する知見を広げてもらい，物流の社会的な役割を広く知ってもらう取り組みである。高橋によれば，ある程度の見学各所を設定し，一般の観光地めぐりのようにツアー化してみてはどうかという提案がなされている。このように単体施設の見学からコース化への視点が必要である。

　岡本［2001］によれば，産業観光の重要性が十分認識されていない点を指摘している[12]。実際に機能している工場を訪ねる観光を工場観光，廃墟になった炭鉱などの産業遺産を訪ねる観光を産業観光と呼ぶ。この意味では，工場観光ならぬ物流観光の確立は，物流産業の重要性を社会的に示す上でも必要であろう。

4　外国人の嗜好による観光客増

　日本国内への外国人の観光客が増加したことによって，嗜好による観光客も増加し，変化に合わせて物流サービスの新商品が出現している。現在試行錯誤の面も多いが，日本の各地域での観光誘致により，アジアの国の人々がスキーなどの娯楽スポーツを楽しめるような施策を打ち出そうとしている。

　外国人の嗜好に注目すれば，例えば，イスラム法上に対応したハラル商品と物流の関係が新しい需要を呼び起こすことになる。日本通運がイスラム教の戒律に沿った「ハラル対応」の物流に挑戦し，国内の物流事業者では初め

て，マレーシア政府が進める認証制度に乗り出している。ハラル関連の市場規模は約200兆円とされており，インドネシアなど近隣のイスラム圏，中東，アフリカなどに影響の及ぶハラル物流網の構築は，日本への観光に大きく貢献する可能性がある。

5　今後の国内における観光と物流事業

　観光政策は，国を挙げての取り組みであり，観光客の利便性を高める物流の視点から，各種課題を捉えることが必要である。観光白書でも，荷物の持ち運びの負担を減らし，訪日旅行の利便性や満足度を向上させるため，「手ぶら観光」の促進に関する検討を平成25年10月から開催しており，各自治体の具体的な取り組みとして進むことが予想される。また，本章で検討した訪日外国人に対して，外国で手荷物の宅配運送サービスを利用する習慣のない外国人が安心して利用できるよう配慮しながら，海外において認知度が低い日本の宅配運送サービスについて効果的に周知する方法や，多言語対応を始めとした既存の宅配運送サービスの改善等についても検討がなされており，物流研究からのアプローチがますます重要になっていこう。

注

1) 永井昇『観光交通論』，内外出版，2000。
2) C.P. Cooper, John Fletcher, David Gilbert, Stephen Wanhill, Tourism：Principles and Practice, Longman, 1995, pp. 4-5.
3) 岡本伸之編『観光学入門—ポスト・マス・ツーリズムの観光学』，有斐閣アルマ，2001，p. 97。
4) 全日本トラック協会機関紙『広報とらっく』「街で見かけたおもしろトラック」のコーナーに掲載：http://www.jta.or.jp/coho/omoshiro_truck/omoshiro_truck.html（2014年8月31日アクセス）
5) ANA 第14-006号　2014年4月23日「羽田＝沖縄線で深夜便の運航を開始します」，http://www.ana.co.jp/pr/14_0406/14-006.html（2014年8月31日アクセス）
6) 1984/06/08　日本経済新聞「修学旅行，手ぶら時代，荷物・土産は宅配便」。
7) 2014/07/02　日本経済新聞地方経済面　中国　11ページ，2013/11/30　日本経済新聞　地方経済面　北陸　8ページ，2013/01/14　日経MJ（流通新聞）　4ページ

より筆者作成。
8) 佐々木亮，三岡照之，古屋武志「国際物流活性化と観光振興に向けた取組について―北海道国際輸送プラットホーム（海外おみやげ宅配便）―」第57回（平成25年度）北海道開発技術研究発表会資料，2013：http://www.hkd.mlit.go.jp/topics/gijyutu/giken/h25Giken/Ronbun/RK-8.pdf（2014年8月31日アクセス）
9) 北海道国際輸送プラットホーム http://www.hkd.mlit.go.jp/zigyoka/z_kowan/platform/suishin.html（2014年8月31日アクセス）
10) 羽田クロノゲート：http://www.yamato-hd.co.jp/hnd-chronogate/
11) 髙橋愛典「物流を担う人材を確保するためにできること」『運輸と経済』，74（2），pp. 166-169，2014。
12) 岡本伸之編，前掲書，p. 147。

引用・参考文献

a．欧文文献
・C.P. Cooper, John Fletcher, David Gilbert, Stephen Wanhill, Tourism：Principles and Practice, Longman, 1995.

b．和文文献
・日本商工会議所「最先端の保管・搬送・物流設備の展示をビジネスにつなげる―日に新た館（特集　産業観光の「経営力」）」『石垣』，27（4），26-28，2007。
・建設新聞社編「記者レポート　観光・物流拠点の誕生へ―仙台港背後地土地区画整理事業　アウトレットの立地で保留地処分にも追い風」『東北ジャーナル』，25（12），99-101，2007。
・富山県新世紀産業機構環日本海経済交流センター「観光と物流　V.I.Tフォーラム　ロシアとの観光・物流・産業振興を通じたまちの創り方」『環日本海経済ジャーナル』，81，14-21，2009。
・吉本直史「特集　高速無料化実験始まる―物流，観光への影響を検証―地方の37路線50区間が対象」『地方行政』，10156，10-11，2010。
・石井伸一「国際交通，観光，物流への影響と対応策（特集　東日本大震災からの復旧・復興に向けて（2））」知的資産創造/野村総合研究所［編集］=/NRI.，19（9），42-55，2011。
"広域交通ネットワーク進展による物流への波及効果：関係者ヒアリング（広域交通ネットワークによる産業振興の可能性：インフラ整備による県内の物流・観光の変化を探る）" Joyo ARC：Joyo Area Research Center：ニュー茨城/常陽地域研究センター［編］，45（525），18-25，2013。
・常陽地域研究センター編「広域交通ネットワーク進展による観光への波及効果：関係者ヒアリング（広域交通ネットワークによる産業振興の可能性：インフラ整備による県内の物流・観光の変化を探る）」『Joyo ARC：Joyo Area Research Center』，

45（525），26-31，2013。
「特集 有明海広域圏（第4弾）物流，観光の両面で地域内外との交流拡大へ 新要素加わり活性化する沿岸地域」『財界九州』，54（12），121-128，2013。
・国土交通省観光庁『観光白書平成26年度』（2014），2014。
・岡本伸之編『観光学入門―ポスト・マス・ツーリズムの観光学』，有斐閣アルマ，2001。
・永井昇『観光交通論』，内外出版，2000。
・髙橋愛典「物流を担う人材を確保するためにできること：総合物流施策大綱（2013〜2017）に寄せて（特集 2030年の日本と交通）―（2030年の運輸・交通事業）」『運輸と経済』，74（2），166-169，2014。

(土井義夫)

第5章

取り戻せ，地域の誇り
――桑名「水郷舟めぐり」を追って――

はじめに

　地方自治体の"平成の大合併"からすでに10年余りが経過した。その総括と見直しが図られるいま，政府によって"地方再生"がいっそう声高に提唱されている。そして今後も少子高齢化が避けられない以上，さらなる行政組織の再編を見越した地域間の競争が予想される。その際，観光は，地域活性化の鍵を握るものとしてますます注目を集めている。

　政府による観光への取り組みについては本書の第2章，第3章で取り上げた通りである。高度成長期からバブル期に至るまでに国内の文化の均質化が進み，人びとが"レジャー"あるいは"リゾート"という名の非日常を求める際には，人為的に作られた巨大テーマパークや，海外に目が向けられた。だが，バブルが崩壊し，いわゆる"安・近・短"が観光の条件となって以来，観光客獲得に向けて，地域の魅力の掘り起こしが図られている。

　地域にとって，望ましい観光のあり方とはどのようなものか。この課題のヒントを探るべく，舟運事業の観光化に向けて20年以上にわたり取り組んでいる三重県桑名市の「水郷舟めぐり」をもとに，地域の歴史文化に根ざした観光の意義について考察したい。

第1節　水運事業の観光化と"地域アイデンティティ"

1　観光舟めぐりの歴史的背景
1）水運・舟運の繁栄と衰退

　鉄道網や自動車道が整備される以前の日本では海や湖，河川，運河などを利用した舟運が大量輸送の主流だった。例えば，本稿で取り上げる三重県桑名市は木曽三川が伊勢湾に注ぎ込む地点に位置し，海路と河川を利用した物流の拠点として機能していた。また，人の輸送に関しても，東海道五十三次唯一の海路である「七里の渡し」の港として栄えた。そこには宿場や廻船問屋，米穀取引所が発達し，豊かな経済力を基盤とする町人によって，東西からもたらされる文化の交流も盛んであった。いわゆる"ヒト・モノ・カネ"，さらに文化までも，舟に乗せて運ばれていたのである。

　もう少し具体的に踏み込んでみると，木曽三川における舟運の機能は，中世以前では木曽の木材を運搬することが主なものだった。木材は筏に組まれ，木曽川経由で河口の桑名まで積み下される。そして折り返すように揖斐川本流を遡上して支流の牧田川に入り，濃州三湊（烏江・栗笠・船付）から一部陸路（九里半海道）となり，米原から琵琶湖に入ってふたたび水路となり京阪に運ばれた。

　例えば，応永28年（1421）に鎌倉円覚寺が焼失した際には，再建用材を木曽山で調達し，桑名から鎌倉へ海送された。また，豊臣秀吉が大坂城や方広寺大仏殿を造営する際も，木材は木曽で調達され，上記のルートで大坂まで運ばれている。

　さらに近世になると，揖斐川上流域および支流・根尾川流域の揖斐郡・本巣郡の諸物資や年貢米等を河口の桑名まで積み下すという機能が加わった。年貢米は桑名から海路で江戸へ運ばれ，幕府を支えることになった。

　このように水上輸送は日本の経済を根底から支えていたが，鉄道や道路網の整備にともない，輸送の主役を他に譲るようになっていく。ただし，鉄道

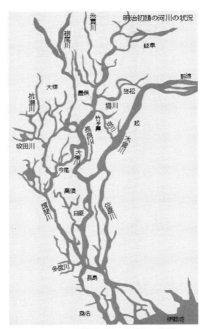

図 5-1　明治初頭の河川の状況
出典：KISSO Vol. 84

の開発が即，舟運の終焉につながったのではなく，明治政府の計画では道路の修築・幹線鉄道の建設に加え，築港や河川・水路の整備も一連の事業として行われていた。たとえば，明治11年（1878）から実施された起業基金による事業の一つとして，敦賀・大垣間は鉄道で結び，大垣・四日市間では従来の揖斐川舟運を利用するルートが整備されている［増田廣實，1986］。

また，明治22年に東海道線が全面開通，さらに揖斐川の西岸を南北に走る養老鉄道が大正2年（1913）に開通した後も，物流の主役は依然として舟運であった。たとえば，大正7年，西美濃の玄関口として機能していた大垣の船町湊が取り扱う品目の総量が12万t余であるのに対し，大垣駅の総量は11万t余で，船町湊のほうが多かった［新修大垣市史　第2巻］。

さらに，昭和19年（1944）には，美濃赤坂産の石灰や大理石を鉄道で大垣駅

まで運び，ここから舟運で桑名，四日市まで送るための水門川改良工事が行われるなど，戦前までは揖斐川舟運は活きていた［水田恒樹，2013］。だが，戦後，自動車による輸送が本格化すると，次第に舟運は衰退していった。

さらに，水力発電所やダムの建設といった河川開発によっても，舟運は打撃を受けた。熊野川流域の十津川や北山川では，かつて山から伐りだした木材を筏に組んで流していたが，高度成長期の電源開発にともない昭和40年に七色ダム・小森ダムが建設されたことで，筏による運材は終焉を迎えた。

興味深いのは，建設計画が持ち上がった同31年ごろから，筏師や文化人による建設反対・景観保全運動と連動するように，観光筏流しが始まったことである。このときの筏流しは，ダムの完成を機に同38年に終了するが，のちに同54年から事業主体を変えて再開されている［井戸聡，2012］[1]。

このように，近世から近代，さらに高度成長に至る過程で，水運が衰退するのと入れ替わるように，観光目的での水脈の利用が盛んになっていったことが窺われる。

2）各地の観光舟めぐり

そして現代，水運の歴史を踏まえた観光舟めぐりは，全国各地で盛んに行われている。

たとえば茨城県潮来市では，市を挙げて「水郷潮来」のキャッチフレーズを押し出し，「十二橋巡り」を展開している。その観光化の経緯は，潮来市公式ウェブサイト「潮来市の観光の歴史」で紹介されている。

これによれば，潮来は，江戸時代のはじめより，東廻り航路に積み込んだ東北・北関東諸藩の廻米を江戸に届ける利根川水運の港町として栄えていた。だが，江戸時代中期の元文年間（1736～1740年）には大洪水によって利根川本流が変化し，さらに明治期以降は物流の手段が鉄道に移ったことから，舟運拠点としての機能は失われてしまっていた。

ところが，近代に入ると，若い女性による観光小舟が出現し，これが大いに人気を博した。その人気は，戦後の流行歌や映画といった大衆メディアに取り上げられることで，不動のものとなった[2]。

つまり，潮来では，江戸時代前期までは舟運の拠点として栄えており，その歴史を背景に，舟運が下火になった近代以後，「小舟による嫁入り」のイメージがメディアの中で増幅され，観光に利用されているのである。

一方，観光舟めぐりの歴史的背景は必ずしも運送事業でなくてもよい。例えば福岡県柳川市の「お堀めぐり（川下り）」は，市内に縦横に巡らされる「掘割」と呼ばれる水路を利用する。この堀割は古代以来，湿地帯であるこの地の水はけを良くするとともに，水を確保する目的で作られたものである。そして現代，ここに舟が浮かべられることで，堀割は本来の機能から離れ，観光施設の一つとなった。柳川市の公式キャッチフレーズ「堀割めぐる水郷」から明らかなように，この「堀割」は同市を特徴付けるものとしてアピールされている。

こうした例から，各地の観光舟めぐりにおける共通点を挙げるとすれば，かつてそれらの水脈が利用されていた歴史的背景を有することのほかに，その水脈が当地の魅力として強く意識されていることが見出せる。と同時に，近代化の中で本来の機能（舟運など）の失われた水脈が観光資源として再利用されるにあたっては，新たに創出されたイメージや，それを具現化するような街づくりのなされてきたことも想像できる。

そこで，街の観光化およびその一環としての舟めぐりについて，岐阜県大垣市の事例をもとにもう少し詳しく見ていきたい。

2　大垣の舟めぐり
1）「水都」としての観光への取り組み

大垣市は揖斐川の上流域に位置し，近世まで，前述のような揖斐川水運の拠点として栄えていた。「水の都・おおがき」をキャッチフレーズとするとともに，江戸時代前期の俳人松尾芭蕉の事跡に即した「奥の細道むすびの地」として，歴史を売りにした町づくりに力を入れている。「水の都」が大垣市をアピールする呼称として根付いていることは，「水都」を音読みした「スイト」が，「大垣市スイトピアセンター」（文化会館・学習館）のほか，旅行会社，特別

養護老人ホーム，結婚式場といった，官民双方の施設の名称・愛称として用いていることからもうかがわれる。

　大垣市の「水の都」としてのイメージは国土交通省認定の「水の郷百選（みずのさとひゃくせん）」[3]に選ばれていることで，より確固なものになっている[4]。この「水の郷百選」の候補地となったのは，市町村から各都道府県を通じて応募された 254 の地域であった。つまり，認定の最初の段階は，自薦ということになる。当地が「水の都」であることを自認することで，町づくりや観光がいっそう活性化するのだ。

　その大垣では近年，春秋の観光シーズン限定で，手漕ぎの舟や「たらい舟」を利用しての舟めぐりが実施されている。乗船の予約は大垣市観光協会事務局が電話で受け付ける形であり，宣伝ポスターが JR 東海道線の駅に掲示されることからも，観光客の招致をねらいとした大規模な取り組みであることが知られる。

　舟めぐりは，市内を流れる水門川で行われる。水門川はもともと，江戸時代前期の寛永 12 年（1635），大垣藩主の戸田氏鉄により大垣城の外堀として築かれたものだが，揖斐川の支流である牧田川に合流して桑名と直結することで，運河としての役割も担っていた。

　水門川の流路のうち舟めぐりのコースに充てられるのは，「市営東外側駐車場前」から「奥の細道むすびの地記念館前」までの約 1.1 km である。ちょうど，大垣駅東の愛宕神社を出発点に川沿いに整備された遊歩道「四季の路」約 2.2 km の，後半部を水路で下る形となる。この遊歩道「四季の路」は，「ミニ奥の細道の風情が楽しめ」るように作られたもので，『奥の細道』の句碑が随所に建てられている［大垣・西美濃観光ポータル　水都旅（すいとりっぷ）］。

　大垣の舟めぐりのコース設定は，観光向けにたいへんよく練られている。乗船場が「駐車場前」であることから，自家用車での来訪が可能であることが明確になっている。そして，下船して記念館周辺を楽しんだ後は，駐車場もしくは大垣駅まで遊歩道を散歩しながら戻るもよし，少し遠回りして大垣

図 5-2 船町港と住吉燈台
出典：岐阜県の提供による

城や郷土館を訪れてもよし，といったコースが自然にできあがるようになっているのである。

2）『奥の細道』への集約

さらに注目されるのは，下船場が「奥の細道むすびの地記念館前」だという点である。

奥の細道むすびの地記念館（以下，本稿では「記念館」と記す）は，川湊である船町港跡の西対岸に 2012 年春，開館した。『奥の細道』に関する資料や大垣の先賢の事跡について学習したり，土産物の買い物をしたりできる。また，大垣の観光拠点として位置づけられ，大垣観光協会もこの館内に本拠を置く。

そもそも船町港こそ，まさしく水門川の湊（みなと）であり，近世から近代の始めまで舟運の拠点だった。近世後期に建造された住吉燈台を構え，国の

第1節　水運事業の観光化と"地域アイデンティティ"　95

図 5-3　松尾芭蕉と谷木因像
出典：岐阜県の提供による

名勝にも指定されている。

　だが、この船町港は、芭蕉がここで『奥の細道』の旅を終え、さらに伊勢への旅へ出発した「奥の細道むすびの地」としてアピールされることになった。港には松尾芭蕉の銅像が建造され、句碑も設けられた。実は、この地が「奥の細道むすびの地」となったのは、船問屋谷九太夫（三代目。俳号木因）が芭蕉の門人で、芭蕉の旅を世話していたからである。すなわち、舟運拠点としての船町港の歴史が、観光化の流れの中で、著名な『奥の細道』に関するものに特化されたわけである。

　そして、観光化がさらに進むと、この地に観光拠点としての記念館が開かれることになった。その背景には、『奥の細道』を介した歴史や文学ファンだけでなく、もっと広い層の観光客を呼び込みたいとの思いが見て取れる。観光には「観る」「知る」要素以上に、「買う」要素が重視されるからだ。ゆえに、舟めぐりの下船場も「記念館前」に設定されたのであろう。

　このように、大垣で現代行われている「舟めぐり」は、水門川をコースとしつつも、舟運事業の再現をめざしたものというよりは、『奥の細道』を基軸とした一大観光事業の一環として位置づけられている。

3 "地域アイデンティティ"としての水運の歴史

　ここまで見てきたように，各地で行われている観光舟めぐりは，かつて当地の水脈が利用されていた歴史的な背景を持ちつつも，本来の機能（舟運，水資源確保など）や，形状（小舟，たらい舟）は変更されている。一方，新たに，観光化に向けたイメージ戦略（舟での嫁入り，『奥の細道』むすびの地など）が行われている。

　そもそも，河川の形状が変化した現代において，かつての舟運や筏流しをそのままの形で復活させることは不可能である。では，形を変えてまで観光事業化することに，どのような意味があるのだろうか。

　その答えは，地域の中に求めることができる。すなわち，観光客の招致に向けた事業を模索する中で，自分の地域の特色・魅力に気付くという効果がもたらされるのである。

　たとえ，かつてと異なる形状であったとしても，そこに浮かべられた舟や筏は，舟運が盛んだったという歴史を，人びとが意識する際の媒体となり得るだろう。先述の大垣の例でも，船町港は観光化の流れの中で「奥の細道むすびの地」としてアピールされるようになったが，それは舟運事業の拠点であったことを忘れ去るのではなく，むしろ，そのことを記憶する機会となっているのだ。

　港の宿場町として栄えた歴史や，物資の輸送拠点であった歴史，文化の交流地点だった歴史など，地域の歴史を意識することは，その地域の特徴を見出すことでもある。特に，近代化以前の産業は自然環境に依るところが大きいだけに，歴史の中から見出される地域特性はより個性的である。

　そうして得られるのは，その地域の，他とは異なる確たる存在であろうとすること——いわば"地域アイデンティティ"である。潮来の「小舟による嫁入り」や，柳川の「堀割」，大垣の「奥の細道むすびの地」などはいずれも，他にはないその地域の特性，"地域アイデンティティ"となっている。

　さらに，これらは，そこで暮らす人びとにとっては，"わが町の誇り"となるだろう。地域の魅力が内外に発信されることで，住み続けたい町，訪れた

図 5-4 桑名市の位置
出典：桑名市ウェブページ（許可を得て掲載）

い町として人びとが集まり，地域の活性化がもたらされるのだと考えられる。

第2節　桑名市主催「桑名水郷舟めぐり」までの道のり

「"地域アイデンティティ"を観光に活かす」。——それは，理念としては単純だが，実現するまでにさまざまな過程があることも容易に想像できる。

この節以降，その実例として，近世以前に水運で栄えた歴史を持つ三重県桑名市を取り上げ，市主催の観光事業「桑名水郷舟めぐり」が起ち上がり，軌道に乗るまでを追ってみたい。

1　桑名の舟運の変遷

桑名市は人口約 14 万人の中都市で，県内の市のうちもっとも北に位置する。木曽三川（木曽川・長良川・揖斐川）の河口部にあって，河川と海路を直結

する舟運事業によって繁栄した。

　中世には共同自治を行う有力商人が集まって「十楽の津」と称する自由湊を形成し，誰でも自由に商売ができたため，東西の物資や文化の交流点となっていた。そこで，中世後期における桑名には三つの機能が存在していたことが指摘されている。すなわち，①伊勢湾沿岸部や木曽三川遡上ルートにある諸地域の物資集荷場，②若狭湾沿岸の物資を輸送する近江経由北陸道ルートの帰結点，③伊勢湾岸沿岸部の一湊津として，神宮を拠点とする山田・大湊と東国方面との中継点，の三つである［伊藤裕偉，2014］。

　近世以降も，木曽・紀州の木材や，伊勢平野・濃尾平野の米を集積し，江戸や大坂に送り出す物流の一大拠点として繁栄した。近世初頭より江戸に送る年貢米を扱う廻船問屋が軒を並べ，また，江戸時代後期の天明4年（1784）には桑名米市場が設立され，米相場の取引も行われるようになった。

　近代以降も，明治9年（1876）に開設された米商会所をはじめ，多くの仲買店の集まる相場の中心地であった。桑名は全国で唯一，夕方にも相場が開かれ，大阪堂島や東京蛎殻町，下関赤間関といった他の取引所よりも早く相場が決まるため，「桑名の相場が全国の米相場を決める」とすら言われた。米商会所はその後，数度の改組織・改称を経て，米穀統制法が公布された昭和8年（1933）まで存続した。

　前述のように，揖斐川の舟運は鉄道を中継する形で，明治16年以降は大垣・桑名間で小蒸気船が定期運行されていた。また，水運は鉄道に比べ輸送費が安いことから，重量あたりの価格が安い土石などの運搬に，戦前まで利用されていた［水田恒樹，2013］。だが，戦後，自動車による輸送が主流となってからは，水運は姿を消してしまった[6]。

　ちなみに，河川を横断する渡し船も，大規模な鉄橋が建設されるようになると使われなくなった。揖斐川河口では，昭和9年，当時の最高技術を駆使して全長1,105.8mの伊勢大橋が供用開始され，渡し船の必要はなくなった。

　さて，揖斐川舟運を背景に経済力を有した桑名だが，戦後，住民たちの間

でその歴史が意識されることは，無に等しかったようだ。その要因としては，舟運衰退後も地域じたいは衰退しなかったからだと考えられる。すなわち，近世以来盛んだった鋳物業は高度成長期まで繁栄し，映画「キューポラのある街」で知られる埼玉県川口市と並び「東の川口・西の桑名」と称されるほどだった。また，舟運と入れ替わる形で鉄道や道路（東名阪自動車道，国道一号線など）が整備され，交通至便な場所であり続けたゆえに，宅地開発が盛んに行われてきた。そのつど，「鋳物の町」や「名古屋のベッドタウン」など，時代に応じた"地域アイデンティティ"が次々と構築されてきたのだと考えられる[7]。

　だが，年号が平成に代わったあたりから，産業構造の変化や少子高齢化にともない，それらも陰りが見え始めてきた。そこで，あらためて揖斐川舟運を見直す機運が高まってきたのではないだろうか。

2　舟運の観光化に向けて——くわなリバークルーズ社の足跡——

　桑名市では，平成 24 年（2012）から，桑名市と桑名市観光協会の主催事業「桑名水郷舟めぐり」が行われている。しかし，実は，町おこしとして水郷舟めぐりが発案されたのは 20 年余りも前のことで，市の事業として実現するまでには幾多の紆余曲折があった。

　その経緯は，市内で遊覧船・遊漁船業を営む株式会社「くわなリバークルーズ」の社史と重なっている。同社は「桑名水郷舟めぐり」の運営母体の一つであり，コースのうち「長良川周遊遊覧」を担当している。同社のコンセプトはウェブサイト（http://www.kiso-sansen.com）に掲げられているが，本稿では，社長・谷聰さんの話も交えつつ，桑名の観光舟めぐりがたどってきた道のりについてまとめてみたい。

1）"水郷の町"桑名の発展をめざして

　「くわなリバークルーズ」は，平成 6 年に有限会社として設立された。その中心となったのは桑名商工会議所の東部商研に属する経営者たちであった。

　東部商研とは，桑名駅と桑名城址（九華公園）を結ぶメイン道路・八間通に

沿った地域を拠点とする企業・商店のグループである。中世以来，桑名の「町」を形成していた地域ということもあって，歴史や文化への関心が高い。

その東部商研で，桑名が木曾三川の合流点であることを売り物に事業が興せないか，との機運が高まったのは，年号が平成に改まった頃からだった。契機となったのは，当時の水谷元市長（市長在任期間 1996-2012 年）からの，新潟市の信濃川における屋形船をヒントにした提案だった。そこで，東部商研のメンバーが新潟市を視察し，まずは屋形船を用いた実験事業としてスタートすることになった。

出資者を募集したところ，東部商研のメンバー以外も含む 35 名から計約 700 万円が集まった。これを元手に屋形船を一艘購入し，"揖斐長良川に舟を浮かべる会社"有限会社くわなリバークルーズが発足した。

同社設立のコンセプトについて，谷さんは「観光というより，地元の人に川を知ってほしいという気持ち」だったと説明する。

当時，同社の活動の軸となっていたのは，河川について学ぶ「エコツアー」だった。特に，地元の漁師や郷土史家を講師に招き，小学校の児童たちを対象とする企画は好評だった。谷さんは言う。「新しく学校行事をやろうというとき，とかく，学校と PTA のどちらが主催するかでもめることが多いのですが，エコツアーの場合は，どちらも進んで導入しようとしてくれました」。じっさい，参加した児童，教師，父兄の誰からも喜ばれたことで，谷さんをはじめ同社の関係者は手応えを感じていた。

ただ，予想されたことではあったが，市立小中学校全体の行事とすることについては，教育委員会は及び腰だった。むろん，安全面への配慮は十分に行っていたわけだが，自然を相手の企画を市の管轄で行うことの困難を，あらためて味わうこととなった。

さらに，市長の後押しにより始めた計画ではあったが，いわゆる"平成の大合併"の余波により，桑名市主催あるいは補助金付き事業として運営することが困難になった。平成 11 年の合併特例法改正を受け，近隣市町村との協議が繰り返された末，同 14 年には桑名市・多度町・長島町合併協議会が設

置された。揖斐川と長良川に挟まれた旧長島町は，旧桑名市同様に河川との関わりが深く，漁業や貸し船業など，水利権に関係する事業者が多かった。合併が目に見えてきた段階で，桑名市がリバークルーズ社のみを後押しすることはできなくなったのである。

リバークルーズ社は，当面，単独で事業展開を模索する道を選ばざるをえなかった。

2）会社組織の展開

会社発足以来，中古の屋形船と2隻の小型遊覧船で営業していた同社は，8年が過ぎた平成14年ごろから，さらなる舟運事業の展開に向けて大型遊覧船の導入を検討することになった。

この転機に向かう意気込みが，同社のウェブサイトに掲載されている。

> この舟運事業は旅客航送事業としてかって盛んであった舟運を再度復活し市民と川との密接なかかわりを演出することにより桑名の街を活性化させ，市外から桑名市を訪れる人々に快適な水の上の旅を楽しんでもらい，子供たちには水辺の自然に触れる課外学習を提供することもできます。又，防災上の観点から大地震等災害時の緊急輸送手段など効果が期待されますし，地球温暖化への警鐘が高まる中，効率の悪いマイカー出勤に変わる公共交通としての水上バスを利用することにより二酸化炭素の排出抑制にも取り組むことができます。
> 　　　　　［桑名リバークルーズ　ウェブサイト http://www.kiso-sansen.com］

そこで，事業の拡大に向けて資本金を追加することになり，追加出資者を募集した。さらに，同社が基盤を置く桑名商工会議所東部商研の有志で購入してあった土地を売却し，これらをもとに，資本金1,630万円の株式会社へと展開した（平成20年時点で，株主数64名）。

事業の形態に関しては，当初，NPO法人として発足するという選択肢もあった。だが，「NPOが陥りがちな補助金頼みの運営では，うまくいかないことが多い」（谷さん談）という経験をもとに，会社組織が選ばれた。

船の購入に関しては，乗船定員が数十人規模であることや，パーティーや会議等，船内の利用に応用の利くことが望まれた。何より，揖斐川河口部は

102　第5章　取り戻せ，地域の誇り

図 5-5　くわなリバークルーズ社
パンフレット表紙
出典：同社の提供による

　水深が浅く，船の着岸地点も浅瀬になるため，そのことに対応できることが不可欠だった。
　折しも，適当な遊覧船がオークションに出展されたのを機に，オークションとは別のルートからではあったが，1000万円で購入することができた。こうして，55人定員のディーゼル式遊覧船1隻が同社の所有船舶となり，「三川」をフランス語に訳して「トロワ・リヴェール」と名付けられた。
　トロワ・リヴェール号は，長崎のテーマパーク「ハウステンボス」内で使われているのと同型のもので，他には隅田川の遊覧にも用いられている。本来，短距離をのんびりと周遊するのに向いた船なので，速度は出ない。そのため，桑名の観光事業として外せない部分である，東海道五十三次唯一の海路「熱田（宮）〜桑名」の渡しの再現では，片道3時間が必要になってしまう。したがって，同一の客が船で往復するのは難しいため，名古屋の堀川めぐり実行委員会と提携し，片道乗船を基本とした渡しの再現事業が，随時行われ

ている。

3）事業内容の展開

　トロワ・リヴェール号の購入を機に，各種の事業が展開された。経営基盤として，桑名商工会議所東部商研に属する経営者が関わっていることから，それぞれの本業が活かせることが強みでもあり，また，必須でもあった。

　同社のウェブサイトによれば，次のような業種が掲げられている。

1．遊覧船業
2．遊漁船業
3．船舶を利用した自然環境保護に関する教育事業
4．飲食・喫茶店の経営
5．みやげ品・食料品・海産物・清涼飲料水・酒類の販売
6．船舶リース業
7．市場調査・広告宣伝に関する業務
8．旅行業法に基づく旅行業及び旅行業代理業
9．前各号に付帯する一切の業務

　これらの事業のうち「6．船舶リース業」に関しては，オリジナル弁当付きのウェディングクルーズ（水上披露宴）や水上会議室などさまざまな利用法が示されている。料金も，一般的な貸し会議室とさして変わらない金額に設定され，利用しやすく工夫されている。「8．旅行業法に基づく旅行業及び旅行業代理業」に関しては，現在，観光免許を取得していないため，自前でツアーを組むことはできない。だが，パック旅行に積極的に組み込んでくれる旅行業者もあり，当地の観光の一環を担っているとの自負がある。

　リバークルーズ社が起業し展開する際には，当地ですでに営業している貸し船業者の協力が不可欠だったという。というのは，川や海の世界では，航行権のほかにも漁業権など各種の利権が絡んでいるため，新規業者の参入は非常に難しいからだ。しかし，今回は，桑名市で貸し船業を営んでいた業者が，「"水郷の町"桑名の発展」というコンセプトを共有していたばかりでなく，利益よりもそのコンセプトを優先するという姿勢までもが共通していた

ことで，手を結ぶことができた。

　そして，この姿勢こそが，次節以降に述べる「桑名水郷舟めぐり」実現の鍵だったのである。

3　観光振興プランの策定

　平成16年12月に3市町が合併して新しい桑名市が誕生し，約1年後の同18年3月，『桑名市観光振興プラン』が策定された。その中で，桑名市観光振興のコンセプトとして「川と街道が織りなす交流文化都市・桑名」が，さらに，それを実現するためのプロジェクトの一つとして「さまざまな川旅が楽しめる舟運ネットワークづくり」が提唱された。

　同プロジェクトのねらいとしては，次の3つが挙げられている。

・桑名の発展の歴史の中で大きな役割を果たしてきた舟運を「交通文化」として復活し，他では真似ることのできない旅の手段・楽しみ方を提供するとともに，桑名のイメージづくりにも活かしていく。
・移動手段とともに，舟運そのものを目的化することにより，観光客の回遊を誘発する。
・広域ネットワークの形成により，桑名市を拠点とした広域周遊観光を誘発する。

　さらに，これらを具体化した「桑名ならではの舟運（クルーズ）観光」として，

・広域的なアクセス，広域的な舟運観光：七里の渡しのネットワーク・木曽三川の上流域とのネットワークなど
・桑名周辺の舟運観光（クルーズ）：木曽三川クルーズ，エコツアー，小型船を使った長島川の舟運など
・桑名市内及び周辺の移動手段としての舟運の活用：長島温泉や木曽参戦公園の長良川サービスセンターなどをネットワークし，市内や木曽三川公園内の移動の足として活用する（水上バスなど）

の3つが挙げられている。まさに，舟運の歴史に即した内容だといえよう。

本プランの策定に先立ち，1,000事業者（回答者377）を対象に実施されたアンケートによれば，「桑名市の観光には何が大切だと思いますか」との質問（複数回答可）に対し，45.1％が「親水空間づくりや舟運など木曽三川を生かした魅力づくり」を選択している。これは，「歴史的建造物・美しい町並みなどの保全・活用・創造」の46.9％，「歩いて楽しめる環境づくり・街道整備」の44.8％と並んで高い割合となっている［桑名市観光振興プラン，2006年］。
　桑名市民にとって，木曽三川と舟運が"地域アイデンティティ"であり，かつ観光資源となり得るものと意識されていたことが，この結果からうかがわれよう。
　その後，本プランのコンセプトは，平成24年12月に就任した伊藤徳宇市長にも受け継がれ，桑名市と桑名市観光協会の主催による「桑名水郷舟めぐり」が実現した。

第3節　「桑名水郷舟めぐり」の実績

1　舟めぐりのコースと特徴

　平成24年度から始まった「桑名水郷舟めぐり」は，この年は春，桜の季節のみの開催だったが，翌年度からは春と秋の年2回となり，開催日も年々増加している。
　また，運行コースは，初年度は桑名城址の内堀と外堀のみだったが，翌年からは3コースでの開催となった。26年度秋のチラシによれば，
・桑名城外堀めぐり　～七里の渡し・伊勢国一の鳥居を見学～
・長良川周遊遊覧　～川の上から住んでいる街並を展望～
・船頭平閘門舟めぐり　～今回は小パナマ運河を通り抜け～
となっている。
　これらの運航には当地で営業している釣り船店や遊覧船観光業が関わっており，そのためコースや船種にもそれぞれの得意分野が生かされ，バラエティに富んだものになっている。ただし，市主催の「舟めぐり」においては，共

106　第 5 章　取り戻せ，地域の誇り

図 5-6　27 年度春舟めぐりチラシ
出典：桑名市観光協会の提供による

催として「桑名城外堀めぐり」と「長良川周遊遊覧」が「桑名城お堀めぐり実行委員会」，「船頭平閘門舟めぐり」は「船頭平閘門舟めぐり実行委員会」のようにボランティアも含めた委員会組織となっている。
　それでは，以下，コースごとに，概要と特徴について紹介したい。

1）桑名城お堀めぐり

　定員 15 名前後のモーター付き小型船を用いて，桑名城址の内堀と外堀をめぐる約 20 分間のコースである。
　春の内堀めぐりは桜の季節に合わせ，桑名城址の内堀をめぐる。城址は九華公園として整備され，桑名有数の桜の名所である。堀の上まで枝を伸ばした桜の下をくぐり抜けるのでたいへん人気があり，乗船者数，乗船率ともに，桑名の「舟めぐり」の中ではもっとも高い。
　秋は市街地を縫うように走る外堀をめぐるものである。乗船位置である三崎見附は，江戸時代，木材などを積んだ廻船の船溜まりだったところで，現

図 5-7　26 年度秋舟めぐりチラシ
出典：桑名市観光協会提供

在は護岸がレンガ造りとなっており，美しい景観を見せている。ここから可動橋である玉重橋の下をくぐり，いったん揖斐川に出て「東海道五十三次」の渡し場である七里の渡し跡を経由し，こんどは桑名城址の石垣がそのまま残された堀を運航する。ふだん道路から眺めるのとは異なる角度から街の景観を楽しめるとともに，堀の石垣に刻まれた築城時の印形や，船着き場の遺構などを実際に見ることができ，特に歴史ファンには嬉しいコースである。

運営の中心は旧桑名市で営業実績のある二件の船会社，「有限会社おおぜき」と「珈琲館はせ川（釣船精海丸・桑名遊船）」で，ボランティアの船頭が多数加わっている。料金は，26 年度秋は，大人（中学生以上）500 円，小人（1 歳以上～小学生以下）200 円であった。

2）長良川周遊遊覧

揖斐川南岸（旧桑名市側）の住吉浦桟橋から乗船し，揖斐川と長良川を分断する突堤を廻って長良川を遡上，長良川河口堰の下流部付近で折り返し，七里の渡し跡を経由して戻る，約 40 分のコースである。

図 5-8　舟で船頭平閘門に入る
出典：著者撮影

　木曾三川のうちの二つ，揖斐川と長良川が合流する地点は，広大な水面が広がりつつも，海とは異なった静かな水の流れを楽しむことができる。水上を七里の渡し跡に向かって近づいていく経験は，まさに江戸時代の再現であり，往古の旅人たちのわくわくする気分を実感できるものである。
　運営母体は，前節で取り上げた，桑名市の株式会社「くわなリバークルーズ」で，同社が所有する定員55名の二階建て遊覧船「トロワ・リヴェール」を使用する。料金は，26年度秋は，大人（中学生以上）1000円，小人（1歳以上〜小学生以下）500円であった。

3）船頭平閘門舟めぐり

　閘門とは，水位の異なる河川や海を往来する船のために設けられた，水位調節可能な水門である。木曾三川は明治期の分流工事の結果，河川間の移動が困難になり，その解消のため，木曽川と長良川の通行路が勘案された。しかし，この二つの河川には水位差があったため，明治27年（1894）5月，桑名町の有力者たちが国に請願し，同35年に船頭平閘門が完成した。これにより舟運が再興し，大正初年まで，船は年間2万艘，筏は年間1万枚に利用されていた［木曽川下流河川事務所ウェブサイト］。レンガ製の側壁（強度を要する箇所は花崗岩）を備え，平成12年5月には国の重要文化財に指定されている。
　26年度秋の舟めぐりでは，閘門の通過体験が行われた。長良川の延長上に

ある船頭平河川公園の桟橋から乗船し，閘門に入る。背後の門扉が閉じられ，水量を調節すると，前方の門扉を開いて木曽川にこぎ出す。立田大橋をめぐって閘門に戻り，往路と逆の手順で通過する。木曽川と長良川は最大2メートルの水位差があり，閘門内への大量の注水を目の当たりにすると，そのことを実感することができる。

使用する船舶は定員15名前後のモーター付き小型船で，川に出てから乗客の了解を得た上で時速60〜70kmで疾走してくれる。その爽快感が気に入って期間中何度か訪れる，いわゆる「リピーター」も多いという。

運営母体は，桑名市長島町で釣具・釣船業のほか水上土木業を営む「新栄丸」である。料金は，26年度秋は大人（中学生以上）800円，小人（1歳以上〜小学生以下）400円であった。

以上のように，「桑名水郷舟めぐり」の各コースは，低料金で十分楽しめる内容になっている。また，桑名城址の堀や七里の渡し，船頭平閘門といった史跡を軸としている点も，市主催の事業にふさわしいといえよう。

2　舟めぐりの実績

平成24年度春を初回とし，翌年から春秋2回，計5回実施された「水郷舟めぐり」だが，その経過は決して順調とは言えなかった。**表5-1**は，桑名市観光課および桑名市観光協会から提供を受けたデータをもとに，各回ののべ乗船者数と会期中一日あたりの平均乗船者数をまとめたものである。

以下，これらの数値に沿って，コースごとの経過や，季節による違いをふまえ，舟めぐりの実績をまとめてみたい。

まず，春の桑名城内堀めぐりに関しては，城址の九華公園が桜の名所だけにもともと人出が多く，24年度春から乗船者数が一日平均204.5人と多かった。さらに，25年度，26年度はともに280人台となり，安定した乗船者数を保っている。

一方，外堀めぐりは，24年度春，25年度秋ともに，同年度の内堀めぐりの半分ほどの乗船者数であった。美しいコースではあるが，内堀めぐりにおけ

表 5-1 「桑名水郷舟めぐり」乗船実績

＊運行日数は運休日を除く。

桑名城お堀めぐり（内堀めぐり）

実施時期	運行日数	のべ乗船者数	一日平均乗船者数
平成 24 年春	13	2659	204.5
平成 25 年春	16	4541	283.8
平成 26 年春	19	5372	282.7

桑名城お堀めぐり（外堀めぐり）

実施時期	運行日数	のべ乗船者数	一日平均乗船者数
平成 24 年春	3	337	112.3
平成 25 年秋	6	590	98.3
平成 26 年秋	2	646	323.0

船頭平閘門舟めぐり

実施時期	運行日数	のべ乗船者数	一日平均乗船者数
平成 25 年春	14	1324	94.6
平成 25 年秋	5	119	23.8
平成 26 年春	18	1568	87.1
平成 26 年秋	2	107	53.5

長良川周遊遊覧（長良川遊覧お花見ツアー）

実施時期	運行日数	のべ乗船者数	一日平均乗船者数
平成 25 年春	1	20	20.0
平成 25 年秋	1	42	42.0
平成 26 年春	3	77	25.7
平成 26 年秋	1	83	83.0

基礎データ提供：桑名市観光課

る桜花の下の通り抜けに比べると，やはり魅力に欠けるのは否めないであろう。また，同コース内で一日平均乗船者数を比較すると，24 年度春に比べると，25 年度秋は微減している。

船頭平閘門舟めぐりについては，初回の25年度春は比較的好調だったが，同年秋は一日平均乗船者数が四分の一以下にまで落ち込んでしまった。春の成功を受けて実施された25年度秋だったが，舟めぐり単独では，観光イベントとしての定着・成長は，かなわなかったことになる。

 ところが，26年度秋になると，「お堀めぐり」「船頭平閘門めぐり」ともに好調な数字を上げている。この成功の要因としては，本年から開始された商業イベント「桑名まつり博」とタイアップしたことが大きい。

 「桑名まつり博」の主催者は「桑名まつり博実行委員会」だが，その母体は「桑名市寺町通り商店街振興組合」である。寺町通り商店街は，JRならびに近鉄桑名駅から東へ徒歩10分の距離に位置する，南北に延びたアーケード商店街である。昭和30年代以来営業を続ける店を中心に，持ち主や業種に変更のあったに店も含め，全体に空き店舗が少なく活気を保っている。特に，日付の下一桁が「3」と「8」の日に開催される「三八（さんぱち）市」には，農家による野菜の直売をはじめ，鮮魚や乾物等の移動販売の出店が並ぶ。近年ではテレビや情報誌で取り上げられることも多く，桑名の一大観光スポットとなっている。

 もともと寺町通商店街では，大売り出し期間中の福引きや夏の夜店など，地域住民を主な対象としたイベントが行われていた。これに加え，平成元年からは「桑名の殿様御台所祭・千姫折鶴祭」の中心的な開催地となった。これは，桑名の初代藩主・本多忠勝の妻が，徳川家康の娘で，はじめ豊臣秀頼に嫁いだ千姫であったことを背景に創出されたイベントで，25年間続いた。

 これに替わる形で，26年秋に行われたのが，「桑名まつり博」である。江戸時代後期以来の伝統を持つ石取祭（国無形民俗文化財指定）をはじめ，鎮国守国神社の祭礼行事である金魚祭りのみこし，さらに，路上パフォーマンスといった現代的な"まつり"の実演に，地元の商工業の物産展も兼ねたイベントであった。

 この「桑名まつり博」の一環として「桑名城外堀めぐり」と「長良川周遊遊覧」が盛り込まれることになった。また，舟の発着場を，昨年度の住吉浦

から，寺町通り商店街の延長上にある三崎見附に移し，観光客の足が自然に舟に向かうよう工夫された。一連のイベント会場として位置づけられていることは，「桑名まつり博」のイベントマップからも見て取れる。「水郷舟めぐり」の26年度秋の成功の要因は明らかだといえよう。

第4節 「桑名水郷舟めぐり」の展望

1 民間の希望
1）4年目の春に向けて

開始から3年が経過し軌道に乗った「水郷舟めぐり」は，27年度春に向けてさらなる展開を見せている。その計画について「桑名城お堀めぐり」の中心的スタッフである「有限会社おおぜき」平井裕美さんのお話をもとにまとめたい。

「桑名城お堀めぐり」の新企画では，期間中の金曜日と土曜日に夜間運行をスタートさせる。そして，その演出のため，堀の水面に"浮き灯籠"を設置することになった。このアイデアは，松江市の「松江城お堀めぐり」からヒントを得たもので，昨秋9月に松江を視察し，自分たちにできる方法を模索してきた。

"浮き灯籠"と言っても水面に浮遊させるのではなく，灯籠の一つ一つを長い竹で川底に指すことで固定し，安全性を確保した。また，灯籠の照明は雰囲気を重視し，2時間もつタイプのろうそくを用いることになった。

灯籠には二種類あり，うち一つは金魚の形のもので，例年，桑名城址内にある鎮国守国神社の例祭・金魚祭りの飾りとして用いられている。これを，三の丸自治会から貸与を受け，浮かべることになった。

もう一つは，子どもたちの絵画で飾ったオリジナルの灯籠である。灯籠の骨組みは，近郊の山から竹を伐採し，割ったり曲げたりして加工した。そして，城址に隣接する立教幼稚園の園児と，寺町通り商店街の「寺町美術教室」の生徒に絵を描いてもらい，ラミネート加工して骨組みに取り付けた。

第4節 「桑名水郷舟めぐり」の展望　113

図 5-9　27 年春お堀めぐり浮き灯籠
出典：平井裕美さん提供

　子どもの絵画を用いる背景には，集客に関するもくろみがある。絵を描いてもらったお礼として招待券を配布し，それを機に付き添いの家族などに乗船してもらうのがねらいなのだ。昨年度までにも，立教幼稚園の園児と保護者を招待し，そこから"口コミ"の形で拡がっていくのを実感しているという。
　「水郷舟めぐり」にかける意気込みについて，平井さんはこう言う。「川や舟の文化を，桑名の魅力の一つとして，まず，地元の人に知ってもらいたいのです」。大人（中学生以上）500 円，小人（1 歳以上〜小学生以下）200 円という乗船料の安さも，遊園地の乗り物程度に抑えることで，家族連れにも利用されやすく設定したのだという。若い世代に，舟の上からしか見られない風景を楽しんでほしい。そして，桑名城とは何か，なぜ市街地の真ん中にまで堀が延びているのか，なぜ船着き場には鳥居があるのか，といった話を聞いて「桑名のほんものの歴史」を実感してほしいとの熱い思いが，「水郷舟めぐり」のスタッフを突き動かしている。

2）観光事業としての「水郷舟めぐり」の課題
　順調に見える「水郷舟めぐり」だが，いくつかの重要な問題点がある。その最たるものが，天候に左右される点である。舟めぐりには，遊覧船トロワ・

リヴェール号を除き，すべて屋根のない船が用いられるため，雨天の際には中止を余儀なくされる。天候に関するデータが得られる 25 年度春以降，のべ 48 日間の運行予定日のうち，5 日間が雨天中止となっている。

また，コースは，桑名城内堀めぐりを除き，揖斐・長良川といった自然の河川で運行されている。そのため，運行中止の原因となるのは，強風による波浪や，上流域での降雨による水位の急増，また，河口付近のため潮の満ち引きによる水位の影響など，多様である。そこで，「船頭平閘門舟めぐり」では，上記の雨天中止に加え，強風による中止が 3 日間あった。

このように，天候に左右される性質上，観光客に対し，乗船の予約を求めることは難しい。したがって，単独の観光事業というよりは，何らかのイベントにおける副次的な事業としての位置づけが望ましいだろう。

第二に，事業としての収益性の問題がある。

前述のように，「くわな水郷舟めぐり」の乗船料は非常に低く抑えられ，採算は度外視されている。にもかかわらず続けられているのは，本稿でたびたび述べるように，かつて舟運で栄えた"水郷の町"桑名を盛り上げたいと願う，スタッフの心意気があるからだ。

とはいうものの，より健全な事業運営のためには，極端な赤字は避けねばならない。その打開策として，地域全体が活性化するような工夫が模索されている。特に，飲食業とのタイアップは，「水郷舟めぐり」発足時から強く打ち出されていた。舟めぐりのチラシ裏には，「乗船券をお持ちの方　限定特典」として，14 店（13 店が飲食店，1 店は温泉業）が紹介され，飲食代の割引や，小鉢・ドリンクなどのサービスが示されている。また，各店とも期間中の特製メニューが写真付きで紹介されているが，桑名の名産として著名なハマグリを使った料理が目を引く。

舟めぐりを楽しんだ後，地元の店で飲食するという流れに，さらに買い物がプラスされれば，一つの観光コースができあがる。地域に密着した商店街には大型ショッピングセンターとは異なる魅力があり，それを最大限にアピールすることで，商店街じたいが観光資源となり得る。

第 4 節　「桑名水郷舟めぐり」の展望　　115

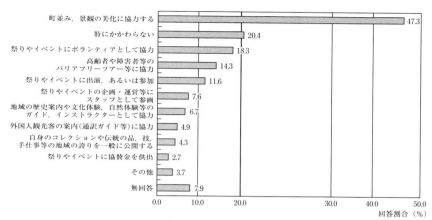

図 5-10　桑名市民の観光振興への市民参加意向
［桑名市観光振興プラン，2006］

　じっさい，JR や近畿日本鉄道が主催する沿線の駅を拠点としたハイキング企画において，桑名は比較的人気の高いコースとなっているが，その中には寺町通り商店街が組み込まれているのだ。

　遊漁船と商店街という既存の設備をそのまま観光資源として活用する方法は，新規にハード面を整備する必要がない。財政上の負担が少なく，まさに時代にかなったやり方だといえよう。

3）地域住民の"参加"に対する意識改革に向けて

　地域の観光事業を成功させる上で，その地域の住民による盛り上がりは欠かせない。では，舟運業者や商店主以外の市民は，観光事業にどのように直接関わることができるだろうか。

　図 5-10 に示したように，平成 18 年に桑名市が市民を対象に行った調査によれば，「もしあなたが，桑名市の観光振興に関わっていただけるとする場合，どのような形態で関わっていただけるでしょうか」（複数回答可）という質問に対しては，回答者 328 名のうち 20.4％が「特にかかわらない」と答えている。これは，2 番目に多い回答である。もっとも回答数が多かったのは，回答者の約半数にあたる 47.3％が選んだ「町並み，景観の美化に協力する」で

あり，市民の多くは，自ら積極的には観光に参加しない（あるいは参加できない）という意識だった［桑名市観光振興プラン，2006年］。

　だが，この結果がただちに，観光への関心の低さを物語っているわけではない。イベントのスタッフとして参加できなくても，客として訪れ，買い物や飲食をし，時には舟に乗る…。そして，地域の歴史や文化に触れ，できれば次の誰かに伝えたならば，それも立派な観光事業への貢献である[8]。

　観光への参加に関する意識改革が進み，"自分も観光に参加している"と感じる市民が増えるにつれて，その事業は成功に一歩ずつ近づいているといえるだろう。では，行政面は，どうだろうか。

2　行政への期待
1）子どもたちに郷土の歴史を

　地域の内部から湧き上がるように生まれた企画が真に観光事業として成功するためには，行政の後押しが欠かせない。国政レベルで観光がクローズアップされる中，地方自治体でも地域の特色を生かした事業に力を入れている。

　三重県では"地域づくり"を推進するため，平成21年（2009）2月に，「県と市町の地域づくり連携・協働協議会」が設置された。翌年には全県の取り組みとして「三重県観光の持続的な発展のあり方検討会議」が開催され，「リーダー」，「企画・調整者」，「オペレーター」等の人材育成について検討された。また，そのうち桑員地区（桑名市・いなべ市・員弁郡東員町）レベルの検討会議では，24年度に，地域資源の魅力を県内外に伝えていく効果的・有効的な取り組みとして，SNSなどソーシャルメディアの活用が検討されている［三重県ウェブサイト］。

　桑名の「水郷舟めぐり」に関して言えば，前述のように，すでに民間レベルでのスタッフが自主的に動き，積極的に情報発信が行われている。行政レベルとしては，事業が評価されスタッフの"やる気"が継続できるような取り組みが必要となる。

第4節 「桑名水郷舟めぐり」の展望　117

図 5-11　旧八百津発電所資料館展示
出典：八百津町教育委員会提供

　そのヒントになるのが，スタッフの谷さんや平井さんが揃って言葉にした「まずは地元の人に」との思いである。その背景には，近世以前に日本の物流の中心であった舟運と，その拠点であった桑名が忘れられているとの焦りがある。

　じっさい，桑名市では学校教育の中で舟運が取り上げられることはない。小学校社会科の副教材『わたしたちの桑名市』（最新版　平成23年発行）の中では，河川との関わりは，江戸時代後期の薩摩藩士による堤防修復事業である「宝暦治水」や，明治初期におけるオランダ人技師ヨハネス・デ・レーケの三川分流工事などが紹介されている。いずれも河川との関わりとしては「治水」に関するものである。

　同書では郷土で活躍した人物についても触れられるが，中でも明治初期の実業家諸戸清六（初代。1846-1906）については，私財をなげうって水道を整備，市民に開放した業績が讃えられている。だが，清六が米の仲買人として財をなしたことや，その背景に港湾都市としての桑名における米穀取引業の隆盛があったことについては触れられない。すなわち，桑名市の学校教育では，河川との関わりにおいて「治水」と同様に重要であるはずの「利水」については，触れられないのである[9]。

　だが，本稿第1節で確認したように，各地において，近世以前の水運は"地域アイデンティティ"の構築に機能しており，若年層への教育にも積極的に

取り入れられている。例えば，岐阜県加茂郡八百津町は，中世以来，木曽ひのきを筏に組んで木曽川を流す出発点であった。大正時代以降，電源開発を目的にダムが建設されるようになってから木曽〜桑名水運は途絶えたが，その歴史は旧八百津発電所資料館の中で，児童生徒向けの展示コーナーが設けられ，紹介されている。

地域の歴史や文化に対する関心は，中高年齢層（定年退職後の社会人など）では高いものが示されている。それは，公民館や図書館が主催する講演会の盛況ぶりから窺うことができる。若年齢層に対しても，関心を呼び起こす契機づくりが，学校教育の中で行われることが望ましいのではないだろうか。

2）"地域アイデンティティ"が地域を結ぶ

桑名市の"地域アイデンティティ"の構築という面で，河川のクローズアップは非常に効果的であると考えられる。

平成16年12月6日，旧桑名市・長島町・多度町の1市2町合併を経て，新しい桑名市が誕生した。これらの旧市町は，いずれも独自の文化を有しているが，それらをつなぐのは揖斐川である。

旧長島町は中世以来，木曽川を下ってきた木材が揖斐川へと折り返す地点に位置し，豊かな経済力を保っていた。また，国土交通省によって，水を活かした町づくりや村づくりに優れた成果をあげている地域を認定する「水の郷百選」（平成8年3月制定）に選ばれている。

また，旧多度町は多度大社を軸とするが，その繁栄は俗謡に「お伊勢参らば　お多度もかけよ　お多度かけねば　片参り」と謡われるように，伊勢〜桑名の海路，そして揖斐川から多度川へとつながる水運を背景とするものであった。

市町合併から10年を経て，新しい桑名市が真に一つのコミュニティとして発展していく際に，揖斐川は"地域アイデンティティ"として大いに機能するだろう。

さらに，その機能は，桑名市が他の自治体と協力する上でも同様にはたらくと考えられる。実は，"水郷舟めぐり"の運営にあたっては，行政区域が障

壁となる事態が発生していた。それは,「船頭平閘門舟めぐり」に関してで,位置的には長島の北端にあり,桑名市（長島）の船会社が運営母体となっているのだが,閘門の含まれる船頭平河川公園は,所在地が愛知県愛西市であることに依る。つまり,愛西市域で行う事業を,桑名市の主催として宣伝することに抵抗感が生じているのだ。

　ところで,木曽三川を利用した観光事業は,愛西市のほか,隣接する岐阜県海津市などでも実施されている。河川はそれぞれの行政区域の境界となっているが,見方を変えれば,各地は河川の水運を利用していたという共通の"地域アイデンティティ"を有しているのだといえる。水運の歴史に光を当てることは,異なる行政区域の結び付きを生み,より大きな範囲での新たな魅力づくりにつながる可能性を秘めている。

結び　地域と観光の未来のために

　地域にとって,望ましい観光のありかたとはどのようなものだろうか。その参考となるのが,水郷めぐりを展開する近江八幡市において,同市の観光物産協会が提言している「観光に対する取り組みと考え方」である。

> 　近江八幡市における観光は,観光客のための観光ではなく,市民を中心としたまちづくりの結果として生まれるものであり,まちの重要な資源である歴史や文化・自然・景観等に市民が愛着を持って守り育てながら,その資源としての価値を活用し,未来へとつないでいく営みです。…(中略)…このまちで住みたい,このまちで生涯を終えたいと思えるまちづくりを進めることが最善の策と考えています。
> 　人が住まないまちには文化の伝承はなく,新たな文化も生まれません。市民の長年の暮らしの中に文化が育まれ,その暮らしの文化にひきつけられて観光客が訪れます。文化のないところには真の観光が生まれないことを認識し,これからも暮らしと観光の共生のあり方を見出しながら各種事業に取り組んでいきます。
> 　　　　　　　　　　　　　　　　　　　　［近江八幡観光物産協会ウェブサイト
> 　　　　　　　　　　　　　　　http://www.omi8.com/gaiyo/torikumi.htm］

昭和40年代以降，桑名は名古屋のベッドタウンとして，市内西域の山林における宅地開発が盛んになった。そのうち開発初期の宅地では，当時の核家族における子ども世代が大学進学や就職を機に町を離れ，住民の高年齢化が進んでいる。

　先にも触れたように，一般的に，高年齢層ほど歴史や文化に対する興味が高いと言われる。その理由は，職を退いて時間に余裕ができたことはもちろんだが，自らも人生経験を重ねたことで，古いもの・伝統的なものに惹かれるからではないだろうか。そして，家を買ったときには「通勤に便利だから」という理由で選んだ住所だったが，時を経て，その背景にある歴史・文化を深く知りたいと考え始めるのではないだろうか。

　"通勤に便利な町"あるいは"子育て環境の良い町"は，インフラ整備などによって人為的に作り出すことができる。だが，自然環境や，それに基づく歴史や文化は，一朝一夕に成し得ないものである。一個人の人生も町の歴史の一部だと考えるならば，逆に，町の歴史にどう関わっていくかが，その人の生き方を方向づけることもあるだろう。「このまちで生涯を終えたい」(前掲引用文)と思えるような"地域アイデンティティ"は，個人の生き方に対しても有効に機能するのである。

　地域外の人に対して何かをアピールしようとすることは，すなわち，自分の地域では何がアピールできるかを考えることである。そうして住民自身が気付いた地域の"誇り"こそ，地域が，そして個人が未来に向かって生きていくための希望となり得るのだろう[10]。

注

1) なお，井戸氏は河川の近代的開発による筏流しの変容について，二つの方向性を指摘する。すなわち，一つは，運材目的の筏を「本来・伝統」の「風物・名物」として抽象的に理念化する方向で，もう一つは，「筏の観光化」である。さらに，こうした変容の際には，運材の筏における"多様な意味"(筏乗り以外の業務に従事する人びとの存在や，利権問題，廃業に伴う補償など)がふるい落とされてきたと論述する。

結び　地域と観光の未来のために　　121

2) 昭和30年3月には美空ひばりの映画「娘船頭さん」，昭和35年には流行歌「潮来花嫁さん」（作詞：柴田よしかず　作曲：水野富士夫　歌唱：花村菊江）がそれぞれ大ヒットした。
3) 当時の国土庁により，平成8年3月，地域固有の水をめぐる歴史文化や優れた水環境の保全に努め，水を活かした町づくりや村づくりに優れた成果をあげている地域を認定したもの。
4) 大垣市は，「水と緑を生かしたまち大垣」として，「輪中・水屋など歴史的文化・風土を生かしたまちづくり」「水運の重要な交通路であったことを今に伝える船町港跡」「市民参加によるまちづくりや河川を生かしたイベント活動」が行われていることを評価され，認定された。
5) 新たな観光客の呼び込みに関しては，住吉燈台に附属する住吉神社を，「むすびの聖地」（縁結びの神）としてアピールしている点も注目される。
6) 揖斐川沿いの経路は，二級国道258号大垣桑名線（昭和28年指定）に引き継がれている。
7) じっさい，平成14年の市町合併まで，桑名駅前ロータリーのモニュメントには「鋳物の街　桑名」と記されていた。
8) たとえば，日常的に孫の世話を引き受けている"おばあちゃん"は，イベントのスタッフとして参加できない。だが，孫を連れて行くことで，次世代への継承という，最も貴重な役目を果たしたと言える。
9) 「利水」面があまりにも忘れ去られていることについて，くわなリバークルーズ社の谷さんは次のように推測する。「桑名は幕末の戊辰戦争で幕府軍に与し"朝敵"となってしまったので，戦後は明治新政府への恭順を示すために"敗軍"としてのイメージを全面に出さねばならなかった。そのため，旧幕時代の豊かな経済状況を，表立って語れない雰囲気になったのではないか」。
10) "地域アイデンティティ"は，必ずしも，歴史上輝かしいものでなくてもよい。たとえば，広島市の場合，平和記念館でも紹介されているように，戦時中は軍需で栄えていた。この事実もまた，原爆ドームが世界遺産に指定されているのと同様に，戦争の惨禍を伝える"負の遺産"として受け継がれるべきものだろう。

引用参考文献

・伊藤裕偉「伊勢湾流通の特質～桑名・安濃津・大湊～」（『シンポジウム「戦国・織豊期@桑名」資料集』，2014年，桑名市・桑名市教育委員会）。
・井戸聡「河川の近代化と『筏の終焉』」（上川通夫・愛知県立大学日本文化学部歴史文化学科編『国境（くにざかい）の歴史文化』，第Ⅱ部第一章「河川開発と社会的儀礼」，清文堂出版，2012年）
・大垣市『新修大垣市史　第2巻』（1968年）。
・川名登『近世日本の川船研究　下―近世河川水運史―』（日本経済評論社，2005年）。
・桑名市教育委員会『桑名市史　本編』（1959年）。

- 桑名市教育委員会『わたしたちの桑名市』(2011 年)．
- 『KISSO』VOL. 84「明治改修完成百周年特集号」(国土交通省中部地方整備局　木曽川下流河川事務所，2012.10 月)．
- 西羽晃『新桑名歴史散歩』(桑名新光堂書店，1988 年)．
- 増田廣實「移行期の交通・運輸事情―1868〜1891（明治元〜24）年　Ⅳ　沿岸海運と河川舟運」(『交通・運輸の発達と技術革新　歴史的考察』, 国際連合大学, 1986年)．本稿では，日本貿易振興機構（ジェトロ）アジア経済研究所ウェブサイト「デジタルアーカイブス『日本の経験』を伝える―技術の移転・変容・開発」を参照した．http://d-arch.ide.go.jp/je_archive/
- 水田恒樹「大垣の近世運河と近代運河に関する研究」(『日本建築学会計画系論文集』Vol. 78，2013 年)．
- 近江八幡観光物産協会　ウェブサイト http://www.omi8.com
- 大垣市公式　ウェブサイト http://www.city.ogaki.lg.jp
- 大垣・西美濃観光ポータル　水都旅（すいとりっぷ）http://www.ogakikanko.jp
- 木曽川下流河川事務所　ウェブサイト http://www.cbr.mlit.go.jp
- 桑名市　ウェブサイト http://www.city.kuwana.lg.jp
「桑名市観光振興プラン」
http://www.city.kuwana.lg.jp/index.cfm/26,11379,c,html/11379/kanko.pdf
- くわなリバークルーズ　ウェブサイト http://www.kiso-sansen.com
- 水郷潮来観光ガイド　ウェブサイト http://www.city.itako.lg.jp
- 三重県　ウェブサイト http://www.pref.mie.lg.jp
「県と市町の地域づくり連携・協働協議会」
http://www.pref.mie.lg.jp/CHIIKI/HP/chiikikyougikai/index.htm
「三重県観光の持続的な発展のあり方検討会議」
http://www.pref.mie.lg.jp/CHIIKI/HP/.../h22_kentoukaigi_torikumi_3.pdf
- 水の郷百選　ウェブサイト
http://www.mlit.go.jp/tochimizushigen/mizsei/mizusato/index.htm
- 柳川市公式　ウェブサイト www.city.yanagawa.fukuoka.jp

（米田真理）

第6章

産業遺産の観光資源化
――イギリス産業革命と工業化の足跡を辿る――

はじめに

　本章では，主としてイギリス産業革命に関連する産業遺産の観光資源化について，外国人観光客目線で実際に現地を訪れた経験をもとに考察する。産業遺産はそれ自体が最初から観光資源となるわけではなく，また過去に産業用途に使用された工場や設備など遺物のすべてが産業遺産になるわけでもない。ここでは産業遺産とはなにか，ヨーロッパにはどのような産業遺産があるのかを示し，イギリスの事例を通して産業遺産がどのように観光資源化されているのか検討し，それを通じて産業遺産はどう観光資源化されるべきか考察するのが本稿の目的である。これは観光立国を推進している日本[1]にとって，外国人観光客を産業遺産に誘致するうえでも参考になるであろう。

　産業遺産の定義については後述するとして，活動停止した工場や設備を産業遺産にするにも，その産業遺産を観光資源化するにも，それを望む人々の強い意志が要求される。というのも操業停止した工場や設備は撤去されて更地にされるか廃棄されたまま荒廃するのが通常で，ごく一部が人々の強い意志によって保存・修復されて価値ある遺産となり，さらには遺産的な利用価値を見出だされて観光資源として新たな命を吹き込まれるからである。

　こうした活動の主体となるのは遺産的価値の保存に理解を示し行動する人々，とりわけその産業活動に関与した人々やその地域で暮らしてきた人々

であろう。彼らの意志と行動を前提とする産業遺産は，観光資源である以前に彼らにとって重要な存在であり，地域の誇りであり，地尊心[2]の現れであるといえる。それは地域アイデンティティを生み育む基盤でもある。

以下，第1節では産業遺産が観光資源である以前に地域の誇りであることについて述べる。第2節ではヨーロッパの産業遺産にはどのようなものがあるのか，産業革命との関連で紹介する。第3節ではイギリス産業革命とその足跡に関して実際に遺産を観光客目線で辿り，観光資源化を考察する。

第1節　産業遺産は地域の誇り

1　オブジェとしての産業遺産

産業遺産（Industrial Heritage）とは何か，その定義は明確に定まっているわけではないが，国際産業遺産保存委員会（The International Committee For The Conservation Of The Industrial Heritage：TICCIH）が2003年7月に採択したニズニー・タギル（Nizhny Tagil）憲章では，産業遺産について「産業遺産」，「産業考古学」，「歴史的期間」の3点から定義している。それによると「産業遺産は歴史的，技術的，社会的，建築学的，あるいは科学的な価値のある産業文化の遺物からなる。これらの遺物は建物や機械，工房，製造所および工場，鉱山と処理精製場，倉庫，貯蔵庫，エネルギーの生産・伝達・消費場所，輸送とそのインフラストラクチャー，そして住宅や宗教礼拝・教育など産業に関わる社会活動のために使用される場所からなる」[http://ticcih.org/about/charter/]とある。すなわち産業遺産は何よりもまず目に見える客観的な価値ある物体や空間である。

また憲章によれば産業遺産の対象とされる時期は，産業革命以前の前工業化初期・原基的工業化期の起源のものについても検討対象としており，産業革命は遺産認定の必要条件ではないが，おもな期間は18世紀後半の産業革命初期から現在に至るまでとしている。つまり産業革命をひとつの重要な契機としている。本稿が産業革命を取り上げる理由の一つはここにある。

2　地域アイデンティティとしての産業遺産

　物質的側面とは別に，われわれは精神的側面からみた産業遺産についても目を向ける必要があろう。すなわち従業員として，その家族や友人として，あるいは商人や近隣住民として，その産業活動に直接的・間接的に関与しながらその地域で暮らしてきた人々の「思い」から捉えた産業遺産である。

　産業活動は人間の本質的な活動であり，産業遺産はその記録である。産業遺産が考古学的なそれとは異なり現代の遺物までをその対象としていることから，その産業活動に携わった人々が現在も生存している場合も少なくない。そうした人々の心の中に生きている精神的な遺産がある。それは産業遺産として公式認定されていなくても，たとえ廃棄され消滅してしまったとしても，その地域の人々が産業活動を通じて共有している記憶と結びついた遺産である。産業遺産を初めて見る人にとってそれは客観的な物体であっても，それとともに歩んできた地域の人々や保存・修復に尽力した人々にとっては，主観的な特別の物体となる。それゆえ産業遺産は地域の誇りであり，地域アイデンティティの象徴でもある。

3　地域の誇りを観光資源にする

　企業城下町という言葉がある。その町の経済活動がある企業に大きく依存し，住民の多くが雇用や取引などでその企業と何らかのかかわりを持っている，そういう町である。例えば第3節で述べる世界文化遺産のソルテア村がそうである。企業城下町を形成するような重要な企業が産業構造の変化や企業活動の再編などによりその地での活動を終えたとき，町や地域を支えた企業というシンボルはその求心力を失い，そこで暮らす人々の地域アイデンティティは揺らぐ。地域の誇りは失われてしまうのだろうか。

　世界に認められた産業遺産がある群馬県富岡で暮らしてきた人々，その産業に関わった人々にとって，富岡製糸場の世界文化遺産登録は地域の誇りや地域アイデンティティを再認識させる契機となったことであろう。また90年代以降の長期経済不況の中で自信を喪失した日本人が，工業国として，技

術立国として発展してきた日本人としての誇りを幾分取り戻す機会になったはずだ。活動停止した施設が新たな世界的価値を見出だされたのだから。

　役目を終え利用価値を失った施設が産業遺産として新たな価値を生み出すか否かは，その所有者や当事者のみならず地域の人々の意志と努力と行動の如何による。それらを地域全体で保存や修復に取り組み，産業遺産とすることで地域の誇りとなり，地域アイデンティティを継承できる。それが地域の誇りであるならば多くの人を魅了し，その価値を共有しようとするであろう。産業遺産は，地域住民や関係者にとっては地域の誇りであるとともに観光資源にもなり，またそれに関心をよせる地域外部の人々にとっては，訪れてみたい観光資源となりうる。

4　外国人観光客にも地域を誇る

　最近では日本を訪れる外国人観光客の数が増大している。彼らが日本に何を求めるかは様々だが，近代的な技術，伝統文化や芸能・芸術，日本食，自然環境，生活文化体験などとともに，産業遺産を加えることができれば日本の魅力はさらに増すであろう。

　ここ20年近い経済の停滞のなかで地域は疲弊している。だからといって産業遺産をすなわち観光資源と考え，それをもって人々，とりわけ外国人観光客を誘致し，地域経済を復興させ，経済効果を生み出そうという短絡的なものを本稿は想定していない。商業至上主義的な発想でもない。地域が衰退しているとすれば，地域アイデンティティも衰弱しているのである。産業遺産を通じて地域の誇りを取り戻し，地域アイデンティティを再構築し鍛錬する，そうしたものを観光資源とし，その価値を外部の多くの人々と共有するのである。産業遺産そのものを見ると同時に，それを価値あるものにしてきた地域の精神そのものを見る。それを是非日本を訪れる外国人観光客にも共有してほしい。

　観光客を誘致するとはつまり人的交流であり，直接のコミュニケーションを通じて相互の理解や信頼関係を生み育て深めるものである。外国人観光客

の一過性の観光で終わらせないためには，地域の誇りの理解と共有を通じた精神的なつながりを得られるかどうかが重要である。そのために産業遺産は寄与できるのか。日本に先駆けて工業化を達成したヨーロッパでは産業遺産をどのように活用しているのだろうか。日本の産業遺産観光の将来像を探るためにはヨーロッパの現状を知る必要があろう。

第2節　ヨーロッパの産業遺産

1　ヨーロッパの工業化──産業革命──

　産業遺産は多種多様であるが，産業発展の流れのなかに位置づけると，大きく二つの時期に分類できる。いわゆる産業革命と呼ばれる近代工業化の以前と以後とである。もちろん近代工業化以前にも産業活動は存在したし，そうした活動の延長線上に近代工業があるわけだが，遺産の質がやや異なる。このため産業遺産を検討するうえで産業革命は重要であるが，そもそも産業革命とはどのような現象を指すのか，学術研究においては経済史・経営史の分野でもかなり議論されたテーマであるが，一般的な共通認識としてここでは次のように簡単に整理しておこう。

　産業革命とは，まずその起源は18世紀半ばにまで遡り，マンチェスターなどイングランド中西部を主な発祥地とし，繊維産業（綿工業）や製鉄・機械工業において機械と人工の動力である蒸気機関（それ自体が機械であるが）を用いて，それ以前の時期とは全く異なる大量生産を実現していく過程である。平たく言えば，それまで水車や風車，家畜など自然界の動力と簡単な道具を使用して手工業的なものづくりを行っていた伝統工芸・在来産業の少量生産レベルから，蒸気機関を動力源として複数の機械を一斉に稼働させて大量生産する，というモノづくりの形態が変化していく過程である。この過程で近代工業のモノづくりの現場は作業所から工場へ，職人は労働者へと転換していき，新しい制度や仕組みのなかで新たな問題も生じていった。例えば大量生産に必要な作業現場の生産管理，労務管理の手法などといった企業経営の側

面や,あるいは公害や,あるいは社会階層の形成と格差,貧困などの社会問題であり,以後それへの対応を迫られていく。

産業革命はその後 19 世紀初頭に大陸ヨーロッパに波及し,ベルギーやフランスがそれに続き,若干の時差を伴ってドイツ,アメリカ,ロシアに伝わった。ヨーロッパに産業遺産が多く残されているのは,産業革命による工業化の影響が大きいのである。なお,工業化の波は海を伝わって幕末・明治期の日本にも伝播していった。日本の近代化遺産はこの延長線上にある。

2 世界遺産

産業遺産には馴染みがなくとも,われわれは世界遺産についてはよく知っているものも多い。世界遺産という言葉は現在では広く人口に膾炙されているが,世界遺産とはいったい何か。第 17 回ユネスコ総会[3]において「世界の文化遺産及び自然遺産の保護に関する条約」が採択され,その第 1 条で文化遺産を,第 2 条で自然遺産を定義している。詳細な定義はここでは省略するが,文化遺産は記念物(monuments),建造物群(groups of buildings),遺跡や文化的景観(sites)で構成され,いずれも歴史的・芸術的・科学的見地から顕著な普遍的価値を有するものをその対象としている [whc.unesco.org/en/conventiontext/]。

世界遺産に登録されるまでの流れは,まず条約締結国が国内の世界遺産候補物件リストの中から世界遺産委員会に推薦し,専門機関(文化遺産の場合は国際記念物遺跡会議:ICOMOS)による調査を経て,登録基準に則って世界遺産委員会にて決定される [www.unesco.or.jp/isan/about/]。

世界遺産とはこのように国連ユネスコによって承認された遺産を指し,文化遺産と自然遺産に分かれ,このうち産業遺産は文化遺産に属する。文化遺産にはエジプトのピラミッドなど古代文明に属する遺跡や,フランスのモン・サン゠ミッシェルなど中世の建造物などが有名である。しかし近年,産業革命や近代工業化に寄与した鉱・工業に関する遺産が登録されるようになってきている。特に 21 世紀に入ってその動きは顕著であり,日本でも富

岡製糸場と絹産業遺産群が2014年に世界文化遺産に登録されている。ヨーロッパの工業化を主導したイギリスとそれに次いで工業化を遂げたベルギー，フランス，ドイツにおけるそうした遺産の一例をあげれば，次のようなものがある。

　〔イギリス〕：アイアンブリッジ峡谷（Ironbridge Gorge）1986年登録；ブレナボンの産業景観（Blaenavon Industrial Landscape）2000年登録；ニュー・ラナーク（New Lanark）2001年登録；ソルテア（Saltaire）2001年登録，ダーウェント渓谷の工場群（Derwent Valley Mills）2001年登録；コーンウォールと西デヴォンの鉱山景観（Cornwall and West Devon Mining Landscape）2006年登録

　〔北西ヨーロッパ〕：フェルクリンゲン製鉄所（Völklinger Hütte）ドイツ，1994年登録；ツォルフェアアイン炭鉱業遺産群（Zeche Zollverein）ドイツ，2001年登録；ワロン地方の主要鉱区群（Sites miniers majeurs de Wallonie）ベルギー，2012年登録；ノール＝パ・ド・カレの鉱業盆地（Bassin minier du Nord-Pas-de-Calais）フランス，2012年登録

3　ヨーロッパ産業遺産の道

　世界遺産として登録されていなくても，産業革命とその後の工業化を主導したヨーロッパには多くの産業遺産がある。そのヨーロッパでは産業活動に利用された設備や施設を保存したり復元したりして産業遺産に変え，それを有効に活用しようという動きが以前からみられる。産業遺産をヨーロッパ規模で関連付け地域振興に役立てる，とりわけ観光資源として利用するための取り組みとして，ヨーロッパ規模で一つのプロジェクトが進行している。それが「ヨーロッパ産業遺産の道」(European Route of Industrial Heritage：ERIH)（以下ERIHと記す）と呼ばれるものである。ERIHのWebサイトは英語，ドイツ語，オランダ語，フランス語の4ヵ国語で閲覧可能であるが，それによれば「ERIHとはヨーロッパの産業遺産に関する観光情報ネットワークである」[www.erih.net]。このようにERIHでは産業遺産を明確に観光資源として位置付けている。

ERIHは2015年3月現在，ヨーロッパ44ヵ国に1000以上の対象施設を設定している。そのなかでまず77ヵ所がアンカー・ポイントと呼ばれる主要拠点に指定されている。これは特定の産業やテーマに限定されない包括的・複合的な内容を持つ施設や，地域的な広範囲の産業遺産を理解するための拠点となる施設である。このアンカー・ポイントを結ぶことでERIHの主要道（メイン・ルート）を形成している。そしてアンカー・ポイントを起点にしてさらに17の地方道（リージョナル・ルート）がある。またこれとは別に，すべての施設が特定の産業分野ごとに関連付けられた主題道（テーマ・ルート）と結びついている［www.erih.net］。イギリスにおけるアンカー・ポイントの一例をあげれば世界文化遺産にも登録されているニュー・ラナークやアイアンブリッジなどがある。同様に地方道にはマンチェスターを含む「北西イングランド」やバーミンガムを含む「イングランド中心部」などがある。

ERIHには1000を超える膨大な数の施設が登録されているので，施設を選択するための検索にも工夫が必要である。Webサイトではテーマ別，国別，その両方で検索できる。テーマは次の13のカテゴリーに分かれている。鉄と鋼，鉱山，繊維，製造，エネルギー，輸送と通信，水，サービス・レジャー産業，景観，建物と建築，紙，塩，産業と戦争である。例えば「繊維」と「イギリス」で検索すると34の施設が選択され，イギリスの繊維に関する産業遺産を抽出できる。これを利用して，次節では世界文化遺産とERIHのいずれかもしくは両方に登録されているイギリスの産業遺産の数例についてみていこう。

第3節　イギリスにおける産業遺産と観光

1　イギリス産業革命の足跡を辿る

産業遺産を観光資源化するといっても，そのあり方はさまざまである。またそこを訪れる人も，その目的もそれぞれである。近年日本を訪れる外国人観光客が増大しているが，彼らを産業遺産に誘致するうえでどのような取り

組みが必要であろうか，それを理解するには実際に外国の産業遺産を観光客目線で訪れてみる必要がある。外国の産業遺産がどのように観光資源化されているかを知ることで，日本の産業遺産の在り方を検討することができる。

イギリスは前節で述べたように産業革命発祥の地であり，**機械と蒸気機関**（人工の動力）による大量生産という近代工業を世界で最初に確立した地である。そうした歴史故にイギリスには産業革命に関連した多くの産業遺産がある。それらを「観光する」にあたって，以下では前節で紹介した「ヨーロッパ産業遺産の道（ERIH）」という地図を手掛かりに，「イギリス産業革命の足跡を辿る旅」というテーマを設定した。産業革命の中心的産業である**繊維と製鉄・機械**を中心にみていこう[4]。

ところで，外国人観光客とはどのような人でどのように行動するのか。旅行のスタイルはいろいろあるが，日本を訪れる外国人観光客の中には個人旅行者も多いことから，本節では以下のような観光客像を想定した。すなわち個人で情報収集し，自分で大きな荷物を持ち，なるべく安い旅費で，公共交通機関を利用して産業遺産を周る観光客である。もちろん通常の観光客と同様に予算や時間，移動手段，コミュニケーションの手段と能力などに制約があり，あらゆる施設を網羅するのは困難であるので，数ヵ所を訪ねるにとどめた。いささか紀行文風の記述となっているところもあるが，ここでは素朴な一観光客目線で捉えることが重要である。それでは産業革命期イギリスの工業化を辿る旅に出かけよう。

2　マンチェスター科学産業博物館

マンチェスターを中心とするランカシャー地方は産業革命期に**繊維産業**，とりわけ綿工業で発展を遂げた地域であり，産業革命の中心地のひとつである。そのマンチェスター中心部にある科学産業博物館（Museum of Science & Industry：MOSI，以下 MOSI と記す）は，それ自体は産業遺産ではないが，ERIH 登録施設でもあり，産業革命当時の貴重な道具や機械が展示されている。われわれの産業遺産を辿る旅はここを出発点としよう。

図 6-1 アークライトの水力紡績機
出典：筆者撮影

　MOSIへは頻繁に走る公共バスのほか鉄道駅から徒歩でも行くことができ，アクセスが容易である。これは都市型博物館の長所である。複数の館内には近代以前の道具から現代に至るテレビやコンピュータ，自動車や航空機などの最新機器が展示され，産業革命に限定されず幅広く科学や産業に関して学ぶことができる。また短距離ではあるが蒸気機関車に乗れるなど，小さな子供たちが楽しみながら科学と産業に触れる工夫がなされている。こうしたことから，夏季休暇中ということもあって多くの家族連れや国内外の訪問者で賑わっていた。

　産業革命に関する展示物としては，とりわけ繊維産業と動力（蒸気機関）についての機器が豊富に展示されている。ここでは輸入される原綿の塊から紡績，織布までの工程順に紡織機がレイアウトされ，18—19世紀の生産体系や方法が包括的に理解できるようになっている。動態展示されているものもあるので，蒸気機関やミュール紡績機などは時間によってはその作動中の様子を見ることができる。産業遺産を見学する前にMOSIで一通り理解しておくとよいだろう。

　展示品の中でとりわけ興味を引いたのは，リチャード・アークライト（Richard Arkwright）が発明した水力紡績機である（図6-1）。1775年頃の製造とある。産業革命黎明期の紡績機であり，これがその後のイギリスと世界を変

えていく発明になると思うと感慨深い。アークライトは単なる発明家に留まらず，自らが発明した紡績機を使って企業経営に乗り出していく。工業化時代の工場経営者の登場である。

3　繊維の道を辿る
1）ダーウェント渓谷とアークライトの紡績工場

　ピーク・ディストリクトと呼ばれる山地の南端にあるダーウェント渓谷（Derwent Valley）とアークライトが建設した工場群は，現在では世界文化遺産の一部でありERIHのアンカー・ポイントに指定されている。

　アークライトは，1769年に水力紡績機を発明して特許を取得し，自ら工場経営者となった。紡績機を稼働させるには豊富で季節変動が少なくかつ急流の水を必要としたため，立地は必然的に山間部の渓谷地域が選ばれ，イングランド中部ダービーシャー（Derbyshire）州クロムフォード（Cromford）村に1771年，彼は最初の工場を建設した。その後1790年頃までに近隣にいくつもの工場を建設していった。

　1783年に設立されたアークライト3番目の工場であるマッソン工場（Masson Mill）を訪れた。森の中にひっそり佇むその姿からは，大変よく修復され保存されていることがわかる。工場の敷地内に入ると，ダーウェント川からの取水路や，水車の跡地などが解説され，水車により紡織機を稼働した18―19世紀の工場の様子を伝えている（図6-2）。工場内部では飛び杼の製作場や機械製作・修理場などもあり，ある程度必要なものは現場で調達していたことがわかる。20世紀後半までは工場として稼働していたので比較的新しい設備も残されている。工場は現在では観光客向けにレストランやショップを併設した博物館となっていて，ガイドツアーも行っている。

　ダーウェント渓谷には広範囲に工場が点在しているため，短時間に多くを見学するのは困難である。公共交通機関であるバスも本数が多いわけではない。有料無料を問わず，夏季のピーク期間だけでも工場や施設等を巡る周遊バスや循環バスのようなサービスがあるとよい。しっかり見学するなら近隣

図 6-2 マッソン紡織工場と取水路
出典：筆者撮影

のまちに宿泊しながら数日かけて周る必要があり，荷物を運ぶ手間や苦労を考えると手ぶら観光[5]が推奨されるのも頷ける。周辺一帯は国立公園に指定されていることもあり，観光客を収容する娯楽施設や宿泊施設も整備され，多くの観光客や避暑客が訪れていた。工場博物館も見学者で賑わっていた。

2）ニュー・ラナーク

ニュー・ラナーク（New Lanark）はERIHのアンカー・ポイントを構成する重要施設であり，世界文化遺産（2001年登録）でもある。グラスゴーの企業家デイヴィッド・デイル（David Dale）がアークライトとのパートナーシップにより，豊富な水流のあるスコットランドのラナーク近郊に1785年に紡織工場を建設したのが始まりである。ただ経営方針の違いから翌年にはアークライトとのパートナーシップは解除され，デイルの単独経営となる。

ニュー・ラナークを有名にした理由の一つは，1800年に義父デイルより経営権を入手したロバート・オウエン（Robert Owen）による社会改良的な独特の先駆的経営（1800-1825年）にある。すなわちこの間に彼は労働者に対して公正な賃金と良好な労働環境を提供するとともに，労働者住宅や幼児学校，成人教室，売店など福利厚生施設を建設して理想的な綿紡績「工場村」を経営したのである。1810年に創られた村の売店（Village Store）（**図6-3**）は，労働者に対して良品を適正価格で販売し，現在の生活協同組合の原点となってい

図 6-3　ビレッジ・ストア内部の様子
出典：筆者撮影

る。

　ニュー・ラナークへのアクセスは比較的容易で，エジンバラまたはグラスゴーから鉄道を乗り継いで1時間程度，駅からは公共バスのほかタクシーも利用できる。ただバスの本数は夏季であっても多いとはいえないし，スーツケースなど大きな荷物を運ぶのはやや困難である。村内には居住施設のほか，レストラン，カフェ，ショップ，ホテル，ユースホステルなどがある。日本語の案内パンフレットもあり，音声ガイドによる見学が可能である。またインターネットではニュー・ラナーク・ビジター・センターの Web ページが英語のほか仏，独，伊，西，瑞，蘭，日本語の8ヵ国語で閲覧可能である。外国語が不得手な人にとって母国語で情報収集できるのはありがたい。

　ニュー・ラナークは，そこに定住する人々とともに持続的なコミュニティー地区として保存することを目的としたニュー・ラナーク・トラストが管理・運営している。そのため村内全体が一つの空間として修復され保存されている。歴史的建造物が環境に調和しているのである。内部には英国プラット社のミュール紡績機（1891年製）が動態展示されているほか，19世紀当時の労働者や子供たちが置かれていた労働状態や生活環境を理解できるような工夫がなされている。ショップが併設され，ニュー・ラナークで製造した布類をはじめ簡単な土産品が販売されている。

図 6-4 ソルテアの住宅街
出典：筆者撮影

3）ソルテア

ソルテア村（Saltaire Village）は先駆的な工場経営者タイタス・ソルト（Titus Salt）によって 1853 年に建設された計画的な工場村であり，彼の巨大な繊維工場（Salts Mill）を中心として社員食堂，労働者住宅，公会堂，病院，図書館，教会などの施設からなる。まさに企業城下町と呼ぶにふさわしい。福利厚生を重視した経営という点ではロバート・オウエンに通じるものがあろう。ERIH の登録施設であり，世界文化遺産でもある。

マンチェスターから鉄道を使って日帰りで行ける距離にあり，実際そうした。重い荷物を運ぶ必要もない。現在ソルトの工場は繊維工場としての活動を終え，建造物の外観はそのままに現在ではギャラリー，ショップ，レストラン，カフェやイベント会場として利用されている。観光客誘致というよりは地元の人々のための空間として利用されていると考えたほうが自然だ。生産設備そのものは残されていないか，あるいは公開されていない。

しかし，むしろソルテアの特徴はソルトによって整然と計画的に整備された現存するその街並みにある。区画整理された街路，同じ素材と色彩で統一されて建築された住宅街（図 6-4）や諸施設すべてが産業遺産である。ソルトの工場が活動しなくなって以降も，ここは今でも普通に町として住人が生活している。何の知識もなく住宅街だけを歩けばこれが世界遺産だとは気がつ

第3節 イギリスにおける産業遺産と観光　*137*

図 6-5　動態展示されている織機
出典：筆者撮影

かないくらい自然な日常生活がそこにある。ソルテアで暮らす人々は世界遺産登録をどのように受け止めているのだろうか。外国人が突然訪れても素晴らしいと思わせる街がそこにある。そこに暮らす彼らは調和を保つ美しい街並みとその歴史をさぞ誇りに思っていることだろう。

4）クイーン・ストリート・ミル繊維博物館

　イングランド中西部，ランカシャー州バーンレイ（Burnley）にあるクイーン・ストリート・ミル繊維博物館（Queen Street Mill Textile Museum：以下 QSMTM と記す）は産業革命以降の工業化と繊維産業の発展を現在に伝える貴重な博物館であり，世界遺産ではないものの，ERIH では「北西イングランド」という地方道の構成施設である。

　QSMTM はもともと労働者協同組合形態で設立された紡織工場で，1894～95 年にかけて生産を開始した。工場は 1901 年に現在の規模に拡張され，設置されている蒸気機関は 1913 年に改良されたものである。生産活動は 1982 年 3 月に終了し，博物館として現在に至る。QSMTM の最大の特徴は，当時使用されていた Peace と命名された 1913 年製の蒸気機関を石炭で稼働させ，発生した動力をベルトとシャフトを使って伝達し，作業場全体の 300 台以上の紡織機その他の機械を稼働して織布するなど，100 年前の生産手法を動態展示している点にある（図 6-5）。まさに当時の生産状況をそのまま見て

学ぶことができるのである。もう一つの特徴はスタッフの人たちがかつて工場で働いていたという点である。Peace のメンテナンスも，ボイラーに石炭をくべるのも，織機を操作するのもすべてかつての労働者であり，職場に強い愛着を持つ誇り高きプロフェッショナルである。熱心かつ詳細に説明してくださるのだが，自分の語学力が足りないのが本当に残念である。

　QSMTM についてはインターネットでも情報を得ることができる。ERIH のほかに Visit Lancashire というランカシャー地方の情報を提供する Web ページ［www.visitlancashire.com］では，近隣住民だけでなく，観光客向けの情報提供をおこなっているが，ホテルやレストランなどとともに博物館などの施設が紹介されており，QSMTM も含まれる。

　工場博物館は街外れにひっそり佇む。近隣には宿泊施設や飲食店はほとんどないが，バスで1時間も移動すれば街中に見つけることができる。午後しか開館していないのでマンチェスターから日帰りも十分可能であり，手ぶら観光ができるので筆者もそうした。

4　製鉄の道を辿る
1）アイアンブリッジ

　エイブラハム・ダービー（Abraham Darby）によって 1709 年に発明されたコークス製鉄法は製鉄業における技術革新の出発点となり，これにより木炭に代わって石炭を利用した良質な鉄の生産が可能となった。鉄の大量生産はその後の機械工業の発展や鉄道建設を支え，製鉄業は綿工業とともに産業革命を牽引していく。ダービーが製鉄業を営んでいたコールブルックデイル村（Coalbrookdale）がアイアンブリッジ峡谷にある。

　アイアンブリッジ峡谷は世界文化遺産であり，ERIH のアンカー・ポイントに指定されているとともに「イングランド中心部」という地方道にも属している。ここではダービーの屋敷が公開されており，製鉄王ダービー家の人々の日常生活を知ることができる。また峡谷博物館（Museum of the Gorge）ではダービー家とともにこの地で製鉄業が発展してきた歴史を学ぶことがで

第3節 イギリスにおける産業遺産と観光

図 6-6　橋上からの眺め
出典：筆者撮影

きる。シンボルとなっているアイアンブリッジは，1779年にエイブラハム・ダービーⅢ世によってセヴァン（Severn）川に建造された世界で最初の鉄の橋である。

　公共交通機関であるバスは，本数が限られており決してアクセスが容易というわけではない。施設が点在しているので多少の時間を必要とする。宿泊施設が通り沿いにあるが，数が限定されているのでバスの起点となるシュルーズベリー（Shrewsbury）など近隣都市を拠点にしてそこからの日帰り旅行が便利だろう。重い荷物を運ぶ必要もない。

　さて，アイアンブリッジは丁寧に保存されているが，現在も橋として住民に利用されている。周囲に近代的な建物は存在しない。橋の上から丘陵地帯にある煉瓦造りの建物からなる景観を眺めていると，18世紀当時のまま時が止まったかのような錯覚がする（図6-6）。強いて言えば馬車が自動車に代わったくらいだろう。橋は重要ではあるが要素の一つにすぎず，アイアンブリッジと背景が一体となった峡谷全体が世界遺産を構成しているのである。

2）ケラム島博物館

　19世紀の製鉄・鉄鋼業に関する優れた展示品があるのがケラム島博物館（Kelham Island Museum）である。金属・刃物産業のまちとして有名なシェフィールドの中心部ドン川沿いにあり，鉄道駅からバスまたは徒歩でも行く

140　第6章　産業遺産の観光資源化

図 6-7　ベッセマー転炉
出典：筆者撮影

ことができる。1982年に開館した同博物館はERIHのアンカー・ポイントであり，「イースト・ピーク」地方道を構成している。

　博物館は鉄鋼・金属の工業都市として発展していくシェフィールドの産業の歴史を紹介している。館内には産業革命以前の伝統的な刃物から，第二次世界大戦で使用された10トンの大型爆弾や，戦後開発されたロールス・ロイス社製のジェット・エンジンに至るまで，この地域の製鉄，金属加工，冶金業を知る重要な展示品にあふれている。また路地裏の古い町工場街が忠実に再現され，当時の状況を体感できる。見どころが多すぎるのだが，なかでも注目すべきは1856年にベッセマーが発明し鋼鉄の大量生産を実現したコンバーター（転炉）の同型である。図6-7の転炉は20世紀初頭に製造され1974年まで製鋼所で使用されていたものである。

5　動力としての蒸気機関の原点を辿る

　イギリスに現存する最高出力の蒸気機関は，ケラム島博物館に動態展示されている1905年製のドン川蒸気機関（River Don Engine）で，重量400トン，12,000馬力ある。機関は月曜日から木曜日までは日に2回，日曜日には3回稼働させられ，その迫力を間近で体験できるはずである。というのは筆者が訪れた日は本来なら実演されるはずだったが，運悪く臨時のメンテナンスを

第3節　イギリスにおける産業遺産と観光　　　141

図 6-8　ボウルトン，ワット，マードックの像
出典：筆者撮影

行っていて動かなかった。仕方ないが残念である。また金曜日と土曜日の2日間が休館日となるため，見学にはスケジュールの調整が必要だ。

　展示用ではなく，機械の動力源として実際に使用されている蒸気機関でイギリス最古のものが QSMTM の Peace（1913年製）である。こちらもやはり年代物故にメンテナンスに時間がかかる場合があり，訪問時も時間通りには稼働しなかった。結局，動いたからよかったものの，蒸気機関が動かなければ工場全体が稼働せず，地球の裏側から飛行機・鉄道・バスを乗り継いで訪れても残念な結果になりかねない。なかなか予定通りにはいかないものである。

　さて，蒸気機関はもともと排水用ポンプとして炭坑や鉱山などで利用されていたが，それを改良して作業効率を高めさらに回転運動に変えることで動力としての使用を可能にしたのが有名なジェームズ・ワット（James Watt）である。そのワットと工場経営者であったマシュー・ボウルトン（Matthew Boulton）とで，1774年バーミンガムにパートナーシップ形態により蒸気機関製造販売会社ボウルトン＆ワット社を設立した。

　現在，バーミンガムは金属・機械工業都市として大きく発展しておりボウルトン＆ワット社の形跡は見あたらないが，ボウルトンが暮らした館（Soho

142　第6章　産業遺産の観光資源化

図 6-9　ワットの蒸気機関
出典：筆者撮影

House) が博物館となっていて当時の暮らしの様子などを伝えている。ワットに関連するものといえば道路沿いに，ボウルトン，ワット，技術者マードック (William Murdoch) の像が建っている程度である (図6-8)。どれほどの人がこのワットの像を見るためにバーミンガムを訪れるのかは不明であるが，世界を変えた大発明家の扱いにしては少し寂しい感じがする。

しかし，ワットやボウルトン＆ワット社の功績は首都ロンドンの科学産業博物館 (National Museum of Science and Industry) に収められていて，18世紀末当時のボウルトン＆ワット社の製造した蒸気機関が動態展示されている (図6-9)。動力としての蒸気機関の原点がここにある。ワットの偉大なる業績を世界各地から訪れた多くの観光客が称賛しているに違いない。

6　小括

イギリスの産業遺産とその観光資源化の在り方について，実際に各地を訪れた視点から検討してきた。観光資源化において重要なことを以下にまとめておこう。

①遺産の維持ないし忠実な再現と，そのための保存と修復活動。どの遺産もその状態で非常によく保存されていた。アイアンブリッジのように200年以上前の建造物もクイーン・ストリート・ミルのような半世紀前には稼働し

ていたかつての紡織工場も当時の様子をそのまま伝えている。ダーウェント渓谷の紡績工場では，近現代になって増設され他の目的に転用されていた部分を取り除くなど，18—19世紀当時の状態への修復をしている。ニュー・ラナークも荒廃していた施設を修復している。保存と修復により，可能な限り当時のありのままの姿を維持ないし再現することが何よりも重要である。建物内にカフェテリアなどはあるが，それは観光資源化においては最低限の現代的改修であろう。

②遺産全体あるいは遺産とその周辺との調和と統一性。博物館の展示品は現地での保存が困難な場合に移設されて保存される。展示品はそれ自体を学ぶ上での支障はないが，周辺と切り離されてしまうため現実感に乏しくなる。他方で現地において遺産がそのまま保存されていても，周辺部が例えば高層ビルのような異質で無関係なものに取り囲まれていると，ワットの像のように遺産だけが浮いてしまい，やはり歴史的な現実感に乏しくなる。完全に周囲から切り離された遺産の「世界」をつくるのは不可能だとしても，遺産全体の世界観を保つ工夫は必要である。ダーウェント渓谷もニュー・ラナークもソルテアもアイアンブリッジ峡谷も広がりのある空間であり，世界観を持っている。主となる物体と背景とが調和しながら遺産が構成されているため，産業遺産としての現実感を得られるのである。こうして初めて産業遺産は輝く。

③遺産は伝える場であり学ぶ場である。訪問した観光客が何を感じ取るかは彼らの自由であるが，遺産を管理運営する側はそれにまつわる歴史や物語，その意義や価値をより多くの人々にしっかりと伝える必要がある。そのために多言語による解説や画像・映像の利用，ユニバーサルデザインの導入など，さまざまな工夫や取り組みが求められるのである。遺産はまずは保存することが何より重要だが，保存のための保存で終わってしまっては意味がない。

最後に，何よりも重要なのは，その地の人々が産業遺産に愛着と誇りを持つことであり，換言すれば地域に愛着と誇りを持つことである。それがあって上記の①〜③が実現される。地域の博物館も産業遺産もそれらにあふれて

いる。最初の工業国家イギリス，産業革命発祥の地マンチェスター，働いていた地元の繊維工場，あちらこちらに地域の強固なアイデンティティが感じられる。

おわりに――日本の産業遺産をヨーロッパ産業遺産の道につなぐ――

　本稿を通してヨーロッパ，とりわけイギリスの産業遺産について検討してきた。19世紀後半以降の日本の近代工業化は，欧米のそれを手本としている。日本は欧米から進んだ技術を導入し，模倣し，また技術者を招聘して近代工業化を推進した。欧米の近代化の延長上に日本の近代化がある。そのため日本の近代化遺産は欧米の産業遺産と類似しているのみならず，欧米の産業遺産の地理的延長とみなしうるのではないか。この日本の産業遺産を日本だけの，あるいはある特定の地域に根差した限定的な遺産としてではなく，世界の近代工業化と産業遺産の中に位置づけたらどうだろうか。

　近年増大している外国人観光客に対しても，日本の近代化遺産が世界の近代化との関連においてより重要な意味を持つことを示すならば，興味や関心を喚起し，自国の産業や歴史や文化とのつながりを感じられるはずである。それが外国人旅行者を増大させることにもつながるであろう。

　2015年5月4日，ICOMOSが「明治日本の産業革命遺産」23施設を世界文化遺産に登録するよう世界遺産委員会に勧告したと報道された。これを機に，ヨーロッパ産業遺産の道に「海の道」を建設して日本の産業遺産に接続してはどうだろうか。

注

1) 日本の観光立国の推進と政策に関しては本書第2章，第3章参照。
2) 地尊心は畦地真太郎によって本書において新たに提唱された概念である。詳細については本書第1章参照。

おわりに―日本の産業遺産をヨーロッパ産業遺産の道につなぐ

3）1972年10月17日〜11月21日の期間にパリにて開催された。
4）なお大陸ヨーロッパへの工業化の波及と産業遺産，その観光資源化についても本来検討してしかるべきであるが，紙幅の関係で本稿では扱わず別稿を用意する予定である。
5）日本においても"手ぶら観光"への取り組みが検討ないし実施されつつある。詳細については本書第4章参照。

引用・参考文献

a．Webサイト

・アイアンブリッジ（www.ironbridge.org.uk）
・クイーン・ストリート・ミル（www.visitlancashire.com）
・クイーン・ストリート・ミル（www.lancashire.gov.uk）
・クロムフォード・ミル（cromfordmills.org.uk）
・ケラム島博物館（www.simt.co.uk/kelham-island-museum）
・ケラム島博物館（www.yorkshire.com）
・国際産業遺産保存委員会（http://ticcih.org/）
・ソルテア（www.saltsmill.org.uk）
・ニュー・ラナーク（www.histric-scotland.gov.uk）
・ニュー・ラナーク（www.newlanrk.org/japanese）
・ニュー・ラナーク（www.newlanark.org/visitorcentre/）
・ユネスコ　世界遺産（http://whc.unesco.org/en/about/）
・ユネスコ　世界遺産とは（http://www.unesco.or.jp/isan/about/）
・ヨーロッパ産業遺産の道（www.erih.net）

（中垣勝臣）

第7章 災害時に途絶しない所在確認のための通信手段

　防災は，居住している地域の特性を知り，発災時にそこで何が起こりうるのか，住民としてどのような行動を取ると予測できるのかを，あらかじめ想定し，対応しておくことが重要である。本章では，朝日大学が所在する地方自治体である瑞穂市についてケーススタディを行い，地震災害の発災時に役立つ情報通信システムを提案した。避難所における被災者のニーズである「自身と家族・知り合いの安否確認」が簡便かつ円滑に行えるシステムに必要とされる要件を，災害図上訓練を通じた実際的な状況確認を行うことによって探索した。

第1節　背景

　日本は大陸プレートと海洋プレートの境目に存在する火山列島であり，急峻な山岳地形と，そこから流れ出る傾斜の厳しい河川による沖積平野を利用して，人間の生活が営まれている。さらに温帯モンスーン的な気候は，台風による一時的な大降水のみならず，梅雨や，地方によっては冬の豪雪などの降水をもたらす［朝日新聞社，2013］。

　日本中，どの地域に住んでも，災害と無縁であると考えることはできない。2011年3月11日に発災した東日本大震災の記憶は新しく，被災者の生活再建も道半ばというところである。2014年内に限ってみても，2月には関東地方を中心とした豪雪，8月には広島市内の住宅地を襲った土砂災害，台風8

号，11 号と 12 号の上陸による被害，史上最大の噴火による死者数を出した御嶽山噴火，11 月の長野県北部地震などが挙げられる．

1　正常性バイアスを避ける準備の重要性

　人は正常性バイアスの働きにより，「自分だけは災害に遭わない」「災害時でも何とかなる（被害が生じない）」と思い込む傾向がある．正常性バイアスは，ネガティブな事象が自分の身に生じると考える確率が実際の確率よりも小さく見積もられるという，多くの人に一貫して見られる現象である．日常生活を送る上では，あらゆるネガティブな事象（事故や災害）のリスクを常に認識しつつ行動することは，認知的に不経済である．起こりそうにもない（極めて確率の低い）ネガティブな事象，例えば「もしかすると，携帯電話のリチウム・イオン電池が，今この瞬間にも爆発するのではないだろうか」「この瞬間にも隕石が窓ガラスを突き破って自分に当たるのではないだろうか」などを常に考えながら生活することは不可能である．また，このような認知方略は，メンタルヘルスに悪い影響を与えるとも考えられている．例えば抑うつ的な人は，健常な人に比べて，ネガティブなイベントの発生確率を高く，実際の発生確率に近く見積もることが知られている．逆に言うと，健常な人は，常に楽観的な認知の偏向を行うことによって，抑うつ状態になることを防いでいると考えられている．この，楽観的な認知偏向が正常性バイアスである．

　正常性バイアスが地域防災の障害になる場合がある．例えば，ある地域について，「この地域は災害が少ない．もう 1976 年以来，洪水も起こっていないし，それも隣接地区からの，もらい災害だった．近年に隣接地域が洪水になった時も，全く被害は無かった．東海・東南海地震のハザード・マップでも被害が少ないと予測されている．この地域に住むのは全く安全である」という思考を持っている人は多いだろう．しかし，例えば東日本大震災時には，海岸沿いに居住する多くの人々が「防潮堤があるから津波は来ない（1960 年および 2010 年のチリ津波も防いだし，2 日前の津波注意報では大した高さにならなかった）」などという正常性バイアスに囚われ，避難が遅れ，命を落としたと考えられ

ている［片田，2013］。

2 研究地域の設定と概要

本研究では災害想定地区として，筆者達が勤務する朝日大学が位置する地域・自治体である瑞穂市を設定した。瑞穂市は，輪中地帯の上流部に位置するが，ほぼ40年間，大規模な水害を経験していない。さらに，発生が危惧されている東海・東南海地震についても，震源から遠いために，被災は小さいのではないかと考えられている。

しかし，1891年に発生した濃尾地震においては，瑞穂市を含む岐阜・大垣間の地域は壊滅状態に陥ったという歴史的事実がある。その原因となった根尾谷断層については，数十年の単位で再び動き地震の原因になる可能性は低いとされているが，それはあくまでも確率的予測であり，今この瞬間に発災しないとは誰にも言うことはできない。さらに美濃南部には，阿寺断層など多くの活断層の存在が知られており，柳ヶ瀬―関ヶ原断層帯など，今は活動していないと思われている断層や，大断層帯である養老断層の動きも完全には解明されていない。

地震は，我々が生きている間には発災しなくても，将来的には確実に起こる。その際に，対策がされていなければ，瑞穂市は濃尾地震と同様の壊滅被害を受ける可能性さえある。より可能性が高いのは，長良川や揖斐川および内水系の氾濫による大規模洪水である。堤防や排水ポンプ等の設備が近代化され，リスクは減ったとは言え，1976年に発生した「9.12水害」のような，市民生活が麻痺するレベルの災害が来ないとは言い切れない。

本論文では，そのような危機意識の下に，災害時に必要とされる通信システムについての研究を行った。発災と被害の想定としては，直下型地震のシナリオを用いたが，システム自体は，それ以外の避難所が設置され復興に中長期間かかる全ての災害（例えば水害）に対応できるものである。要点は「発災直後から，ほぼ自動的に作動し，多くの一時避難場所や避難所から自他の安否確認ができる，途絶しない安否確認システム」である。

以下，第 2 節では，瑞穂市に震度 7 の直下型地震が発災した際の被害想定を，災害図上訓練により行った結果について述べる。第 3 節では，主に東日本大震災時に浮き彫りになった，被災者のメディア利用のニーズと問題点についてまとめる。第 4 節では，本論文で提案する途絶しない安否確認システムについて，その必要性とシステム構成について述べる。第 5 節では，今後の展望と，解決するべき課題について述べる。

第 2 節　瑞穂市における直下型地震の被害想定

本論文では，想定される災害として，瑞穂市が直下型地震により，濃尾地震と同クラスの被害を受けるという想定を行った。以下の概要は，中央防災会議の報告書[1]に基づくものである。

濃尾地震は，1891 年（明治 24 年）10 月 28 日午前 6 時 38 分 50 秒に，現・本巣市根尾の根尾谷断層を震源として生じた地震である。根尾から岐阜・一宮・名古屋にかけての濃尾平野の広域で，現代の基準に換算して震度 7 の揺れが襲ったと推定されている。

被害は，岐阜県・愛知県を中心に死者 7273 人，全壊家屋 14 万 2177 戸と記録されている。特に瓦屋根の木造家屋の被害が甚大で，民家のみならず社寺や官公庁にまで被害が及んでいる。発災直後から火災が発生し，消防用具や井戸が被災した施設の中にあり使用できないなどの消防上の困難により，大延焼した。例えば，伊奈波神社境内より，ほぼ全焼した岐阜市内方面の光景を撮影した写真資料が残されている。

大規模な液状化現象も観測されている。長良川堤防・木曽川堤防を始めとして，多くの河川・湖沼の堤が液状化現象により決壊している。橋脚に及ぼした被害も甚大で，河戸橋（現・河渡橋）が落橋した様子を描く石版画が残されている。震災の 4 年前に当たる 1887 年 4 月 1 日に開業したばかりの東海道線においても長良川橋梁が橋脚に重大な損害を受け落橋している。なお，震災後 9 年が経過した 1900 年に発表された「鉄道唱歌」にも，「（前略）地震の

はなしまだ消えぬ/岐阜の鵜飼も見てゆかん」(第1集34番)と,震災の被害の傷跡が言えぬ様子が描かれている。

比高差6mもの隆起を見せた根尾川上流域[1]では,大規模な山崩れや自然ダムによる根尾川の堰き止めが発生し,土砂災害の発生も確認されている。

1　災害図上訓練(以下,DIG；Disaster Imagination Game)の概要

DIGは,防衛省と三重県が共同で考案した防災訓練の一種である。これは,一般市民が自分の居住地について,どのような災害に弱く,発災時には何が起こりうるかを事前に想定・集団で議論することによって,防災意識の向上と災害への準備を行おうとするものである[2]。

DIGは,地域の地図を用意した上で,複数の参加者が以下のような手順で準備し,話し合うことにより進められる。

1）自然条件の確認

現在の水域(海岸線や川や湖沼)と市街地について,位置関係を確認する。可能であれば,古い地図や旧来の住民の発言から,「昔はどのような場所だったのか」を確認しておく(例えば,旧河道や埋め立て地など)。

また,地図上での参加者それぞれの自宅の位置や,家族の居場所などもシール等でマーキングしておくと,後の議論に反映しやすい。

2）町の構造の確認

サインペン等を使い,地図に色を塗っていく。例えば,川は青,道路は茶色,住宅密集地はピンク,工場は赤などである。また,想定される災害の種類や土地の特徴によって,崖(急傾斜面)や埋め立て地を特に分かりやすい色で塗っておくことも効果的である。

3）人的・物的防災資源の確認

防災に役立つ,あるいは弱い施設や土地・人の動きについて確認し,地図に記入する。例えば消防署,警察署,病院,市役所など,災害時の対応拠点となる官公庁をマーキングする。また,一時避難場所となる公園や,避難所が開設されると目される公立学校についても確認・記入する。一方,想定さ

れる災害と発災時点によっては，ショッピングセンターや学校，工場などの，人が集まり災害が生じやすい場所も考慮する。

4）災害時の地域の動きについて議論する

以上のような手続きにより地域の特徴を把握した後に，想定される災害が発災した時に何が生じるのかを，参加者全員で予測し，議論する。

例えば，直下型地震が平日の昼間に発災することを想定した場合には，以下のような点が論点となる。

- 道路や鉄道などの交通網はどうなるか
- 職場や学校，ショッピングセンターなど，人の集まる場所での被害はどのようになるか
- 火災は発生するのか。その後，延焼しうるのか
- その他の被害により，地域に生じる影響は何か
- 避難はどのように行われるのか。避難経路は確保されているか

筆者達は，瑞穂市を舞台にしたDIGを行った。参加者は，筆者達2名と教員1名，大学院生1名の，合計4名である。参加者の居住地は，瑞穂市2名と，瑞穂市に隣接する岐阜市および北方町が1名ずつである。実施は，2014年5月9日の16時30分から18時にかけて行われた。用いた地図は，国土地理院発行の2万5千分の1地形図「岐阜西部」である。

想定される災害は，直下型地震である。発災時刻は，5月の平日の昼間と想定した。近隣の活断層を震源とした濃尾地震と同規模の地震が発生し，瑞穂市では震度7を記録しているとした。発災から72時間を区切り，その中で地域に何が生じるのかについて，集中的な議論を行った。なお，一般的な前提として，市内には発災と同時に全面的な停電が発生しており，通信や水道など，その他のライフラインも途絶しているという想定である。

その結果，瑞穂市域においては，次のような被害と避難・対応上の問題があるのではないかということが示された。

2 瑞穂市地域の特徴

1）河川に制限された地形

瑞穂市は，主として北から南へと流れる河川を複数抱える，川の多い地域となっている。まず，地域全体が東は長良川，西は揖斐川という大河川に挟まれている。地域内では，主として揖斐川の支流である根尾川から長良川へと流れる複数の小河川（西から犀川，五六川，中川，糸貫川，天王川）が流れている。そのため，地域を東西に横断する主要な道路である国道21号線バイパスおよび南北に縦断する本巣縦貫道を始めとして，多くの道路が複数の箇所で橋により河川をまたいでいる。鉄道も，他地域へとつながる主要な路線であるJR東海道線および樽見鉄道の路線のいずれも，同様に橋により河川と交錯している。

2）官公庁・公共施設の少なさ

瑞穂市域には，災害時に有用な官公庁や公共施設が少ない。警察署は，穂積交番1ヵ所である（ただし，他に県警本部交通機動隊が存在する）。消防署は，瑞穂消防署および巣南分署の2ヵ所であり，その他に複数の消防団が存在している。市役所は瑞穂市役所と巣南分庁舎の2ヵ所が存在する。病院は朝日大学付属病院の1ヵ所のみであり，複数の診療所が市街地に点在する。

3）人口密集地の局在と偏在

瑞穂市内で人口が密集しているのが，穂積地区の駅前を中心とした地域，牛牧団地，本田団地などである。また，穂積地区・巣南地区ともに，従来の農村集落や街道沿いの集落を中心として人口密集地帯が存在する。一方で，それらの集落は水田地帯の中に浮いている島のようにも見える。また，穂積地区に比べて巣南地区の方が，住宅地が少なく耕作地が多い。

4）工場の立地

市内には複数の大工場が点在する。大工場は，主に国道21号線バイパスおよび東海道本線の近くに位置するが，穂積地区の北側と巣南地区にも点在する。

3 瑞穂市における直下型地震発災後の被害と避難
1）交通網の途絶と大渋滞の発生

　直下型地震に見舞われた場合，瑞穂市域の最大のリスクは落橋である。現在の建築基準においては，主要道路に架橋されている橋は，基本的にはどのような揺れによっても直接的に破壊されることはない。その点，東海道本線の長良川橋脚が破壊された，濃尾地震の時代とは状況が異なる。しかし，新たに液状化問題が指摘されたり，高度経済成長期に作られた社会インフラの老朽化問題が生じたりするような時代背景の中，全ての橋梁が絶対に使用不能にならないとは断言できない。

　今回の議論では，国道や主要県道に架かる橋は使用不能にならないにせよ，小河川に無数に架かる橋の中には，落橋や破損により安全な通行が不可能になる物があるのではないかという予測を行った。その場合，通行不能箇所によっては，自宅や避難所まで到達する際に，非常な迂回を行わなければならないことも考えられるとされた。

　また，国道と主要県道については，緊急車両の通行を優先するために，即時に交通規制が行われるはずであるという意見も出された。国道21号線バイパスについては，地域の主要幹線道路として橋梁の災害対策が最大限に行われている（通行不能にはならない）一方，災害対応の緊急車両（消防車，救急車，警察車両）や，物資輸送のための支援（自衛隊など）の通行を妨げないために，一般車両の通行は規制される。

　これにより，恐らく地域内には，通行できる経路を求めて右往左往する自動車が溢れ，大渋滞を引き起こすと考えられた。特に，東西方向への通行迂回路となるであろう，県道31号線の長良大橋・揖斐大橋，市域北側の旧中山道に関連する鷺田橋や河渡橋と，そこに接続する南北の道には，自動車が殺到するものと想定される。

　鉄道については，橋梁の安全点検が終了するまで，24時間以上は動かない（また，それ以降もダイヤは大幅に乱れる）だろうと考えられた。

2）火災の発生と対応機関の少なさ

　平日昼間の震災という点について，関東大震災のような火災の発生が危惧された。一方，東日本大震災においては災害規模に比して火災発生件数は少なかった（津波火災を除く）ことを考えると，当時に比べて地震火災対策は進んでいるとも考えられる。例えば，一般家庭においては全戸に地震動を感知してガスを遮断する装置が取り付けられている。また，家屋の難燃化などによる防火対策も進んでおり，瑞穂市内の人口密度などからも考え，大火災は生じにくいと考えられる。工場においても防火対策基準は高く，徹底されていれば，震災が即火災につながるとは考えにくい。

　ただ，一度火災が発生した際の消火・対策のし難さについては指摘された。瑞穂市内には消防署が2ヵ所しかない。さらに，1）に挙げたとおり，市内には大渋滞が発生している可能性がある。国道の通行確保により，広域的な応援連携が可能であっても，そこから市内の火災発生地域に入り込むことに困難を生じる可能性が高い。また，消防団については，同様の理由で団員が即時に集合することが妨げられる可能性が高い。

　このような状況で，火災がどのように発生し，どのように広がるかは未知数である。最悪のシナリオとしては，人口密集地内の民家あるいは，それに隣接する工場からの出火が延焼し，消火活動が追いつかずに，1つの人口密集地帯が全焼する可能性もありうる。

3）避難所への到達の困難さ

　以上のように，橋が寸断され，渋滞が発生し，可能性は低いが大火災が発生するような状況において，市内に通勤する者が帰宅したり，避難所へ移動することは困難になると思われる。多くの場合，徒歩（あるいは状況によっては自転車・オートバイ等）による移動のみが可能となり，しかも大幅な迂回が必要となる可能性がある。このような状況では，家族の安否確認を迅速に行うことは難しい。

　北方町在住の参加者からは「自動車を捨てて歩いて帰宅するしかない（およそ1時間30分を想定）」という意見が出された。また，瑞穂市内の保育園に子

供を預ける参加者からは「迂回にどれだけ時間がかかっても，子供の安全は確認しに行きたい」という意見も出された。

4）その他

確率としては低いのだが，大雨により河川が氾濫寸前の状態で，激震により堤防に被害が生じた場合に，洪水が起こるのではないかという議論が行われた。

4　まとめ

以上のような議論を踏まえ，直下型地震のような大災害の発災時には，通信が途絶し，交通が混乱する中，家族の安否を確認する方法が第一に欲しいというニーズが見いだされた。さらに，瑞穂市域での蓋然性が高い水害の場合にも，交通が途絶する中で，家族が離ればなれの避難所に避難する可能性もあり，安否確認が可能な通信システムの存在が望まれるという意見も出された。

第3節　被災者のメディア利用のニーズと問題点

本節では，第2節で行われたDIGによる結論である「災害時に家族の所在確認が可能な通信システムが欲しい」というニーズが，本参加者および瑞穂市域という地域特性に限定されるものではないということを示す。東日本大震災時における，被災者のメディア利用のニーズを示すことにより，本論文で提案するシステムの一般性を示す。

1　東日本大震災時の避難者の情報行動

東日本大震災後の避難所では，多くの被災者が避難所の掲示板に家族・親類・友人の安否情報を求める掲示を行っていた姿が報道された。これは，避難所が設置されるような大規模災害が発災する場合に見られる光景である。また，各自治体による避難所運営マニュアルにおいても（例えば岐阜県防災課に

よるもの[2]），安否確認の目的を含む避難者管理カードの作成は不可欠とされている。

株式会社ネプロジャパンが2004年に行った調査によると，携帯電話ユーザーのおよそ80％が，災害時に欲しい情報として「安否情報」を挙げている[3]。複数回答により，以下回答割合の多い順に，「被害状況」「避難場所」「今後の見通し」「交通情報」となっている。

一方，携帯電話は，特に大規模地震の発災直後には使用不可能になることが指摘されている。これにはいくつかの理由が挙げられる。1つには，発災直後に大規模な停電が発生し，基地局や交換局が電源断により使用不能になることである。こちらは，発災直後には非常用電源やバッテリへの切り替えが行われるが，バッテリ切れなどで徐々に使用不能になっていく場合がある。2つ目は，交換局間を結ぶ有線回線（いわゆるバックボーン）が被害を受け（例えば電柱の倒壊や地下経路の崩壊による断線など），回線が切断されることである。

平成23年度情報通信白書[3]によると，東日本大震災後には，携帯電話およびPHS基地局が，事業者5社合わせて最大29000局停止している。各事業者とも，発災直後の3月11日における停波局数に比べて，発災から2-3日経過した3月12日および13日における停波局数が，およそ1.5～2倍多くなっていることが特徴的である。その後，各事業者とも復旧作業を行い，停波局数は1ヵ月ほどで最大時の10分の1程度になっている。ところが，4月7日に発生した大規模な余震によって，一時的に再び停波局数が多くなる（5事業者合計で4500局前後）となっている。

このように，大規模災害時，特に地震災害の場合には，発災直後から携帯電話の使用は困難になると考えられる。また，同様の傾向は固定回線電話においても見られる。さらに，発災直後には被災地域内外への通信量が異常に増加することにより回線の輻輳が生じたり，それを避けるための通信制限が行われることが知られている。災害時の緊急通信手段および安否確認手段として，携帯電話は事実上使用できないと考えるべきである。

株式会社三菱総合研究所が総務省の委託を受けて行った調査の結果による

と[4]，東日本大震災直後の通信状況として，「利用不可」だったと回答された割合が高かった順に，「固定電話」「インターネットメール」「携帯電話」「携帯メール」「携帯インターネット」となっている．固定電話は県外にはつながる場合があったり，10回に1回程度つながる場合があったりするものの，基本的には先に挙げた輻輳・通信制限等の理由で利用不能と考えられるだろう．インターネットは，そもそも利用者の手元に設置されているルーターの電源断により，利用できなかったという意見が見られる．このような場合，バッテリを内蔵していないデスクトップPCの使用自体が困難であると思われる．携帯電話については，つながったという意見も見られるが，全体の70.5%が使用不能としている．携帯メールについては，送信はできるが受信できないことや，ある場所に行くと一気に溜まっていたメールの受信が始まる（恐らく，その場所をエリアとする基地局・通信網のみが"生きている"状態）という意見が述べられている．

一方で，発災直後の安否確認手段として，携帯電話を選択する人が一番多かった（65.1%）．ついで携帯メール，直接確認となる．しかし，発災直後から「携帯電話のアンテナ表示は3本だったがつながりにくい」（輻輳もしくは通信制限のためと思われる）という状態が生じており，やはり安定した安否確認のための通信手段にはなりにくいと考えられる．

以上のように，東日本大震災後の調査においては，被災者の安否確認が重要なニーズであるということが示された．一方で，携帯電話あるいは携帯電話を用いたメール等による安否確認は，大震災後の状況では困難であるということも示された．

第4節　途絶しない安否確認システムの提案

本節では，「災害時に家族の所在確認が可能な通信システム」という条件を満たすシステムに必要とされる要件を探り，具体的な設計・実装に結びつける手がかりを探る．

158　第 7 章　災害時に途絶しない所在確認のための通信手段

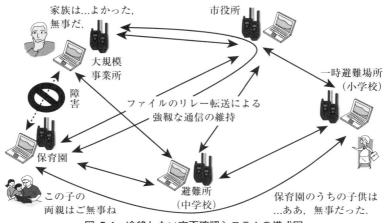

図 7-1　途絶しない安否確認システムの模式図
出典：筆者作成

図 7-2　途絶しない安否確認システムの
イメージ図
出典：筆者作成・撮影

　本論文で提案するシステムの全体像は，図 7-1，図 7-2 に挙げるとおりである。

　システムは，個人が携帯するタイプではなく，避難所および主要官公庁や事業所，学校・保育所等に設置される。日常的に事務用途等に使用されているノート PC に，無線機に接続された USB ケーブルを差し込むと，自動的に安否確認システムが立ち上がるイメージとなる（図7-2）。各設置場所では，

事業所内の成員あるいは学校・保育所内の児童・生徒等の所在が確認され次第，システムにテキストの型式で情報を入力する。この場合，事前に作成されている名簿を利用する方法もある。無線機を通じて別の設置場所にファイルがリレー通信され，短時間で各設置場所において安否確認された人間の情報が共有される。インターネット回線が復旧した設置場所を通じて，被災地域外への安否情報のリレーを行うことも可能である。

以上の概要とイメージを構成するために必要な機能と仕様について，以下に分析する。

1　想定される使用と要求する仕様

主に災害が発生した際に利用されるシステムを設計するにあたり，下記の前提条件を検討する。

(1)　システムを使用するのは一般的なユーザーであり，特別な資格等を有していない。
(2)　避難所間を通信網で接続する必要があるため，直線で 10 km 程度の通信距離が必要となる。
(3)　避難者の名簿等や災害情報等のデータを送受信する。
(4)　システムの稼働時間は災害発生から 72 時間とする。

避難所にシステムを設置すると想定し，対象は未成年が日常集まる教育施設とする。そのため 10 km 程度の通信距離が必要となる。また，災害の初期には生存確認が行われることが常であるために，送受信するデータは避難者の名簿や災害等の情報である。

災害発生時には 72 時間の壁が人命救助の際に一般的に議論されている。これは人間が飲食をせずに生き延びられる限界が 72 時間，または救出者中の生存者の割合が災害発生から 72 時間で急減する事から，阪神・淡路大震災以降から一般的に使用されている。さらに日本の災害救援状況から 72 時間以内には自衛隊等の救援活動が行われる。そのため，システムの稼働時間は災害発生から 72 時間とする。

2 通信部のハードウェア構成

上記の条件を満たすため，システムのハードウェア構成は下記を基本とする。基本的には，デジタル簡易無線を TNC（Terminal Node Controller）を通じて PC に接続し，低速度でありながら長距離通信が可能なネットワークを構築する。

(1) 351 MHz デジタル簡易無線
(2) 送信出力 1 W〜5 W
(3) 半二重通信
(4) TCP/IP の使用
(5) 6 kbps の通信速度

前提条件として特別な免許を有していない一般的なユーザーを対象とするため，(1)の 351 MHz デジタル簡易無線を使用する。デジタル簡易無線は 351 MHz の周波数を使い，(2)の 1 W〜5 W の送信出力を持っている。

システムの設計の簡易化とコストを削減するために，(3)の半二重通信を行う。全二重通信を実現するためには送信と受信で 2 台の無線機が各拠点に必要となり，機器を減らすことでトラブルを少なくする。また，TCP/IP を使用することでアプリケーションの作成を容易にする。

3 通信部のソフトウェア構成

ソフトウェアの面では，避難者の個人情報を共有するため，避難者は以下の情報が必要だと考えられる。

(1) 氏名（漢字）
(2) 氏名（カタカナもしくはアルファベット）
(3) 生年月日及び年齢
(4) 住所
(5) 所属（学校等）
(6) 確認日時・時刻
(7) 避難場所

(8) 状況

これらの情報に必要なデータ量は一人あたり200バイトとし，2000人が避難している場合では400kバイトとなる。仮に400kバイトを6kbpsで転送した場合，534秒が転送に必要な時間となるが，TCP/IPで伝送する場合のロスを加味すると10～12分程度必要であると考えられる。瑞穂市の避難場所の中から10ヵ所に設置した場合，全ての避難者情報が共有されるには2時間程度必要であると考えられる。

4 消費電力と通信可能な時間

災害等の発生時において，電源の確保は非常に困難かつ重要な問題である。ここでは2通りを検討する。

1）バッテリを使用する場合

一般的なノートパソコンとデジタル簡易無線の消費電力を考慮し，ピーク時に必要な電力は200W程度，待機時は50W程度であると見積もる。1時間当たり発信を12分，受信を48分行うとした場合，平均的な時間当たりの消費電力は80Wとなる。一般的なノートパソコンのバッテリでの運用時間が4時間，無線機を8時間とした場合，でも本体のバッテリだけでは72時間稼働させることはできない。そのため，必要な電力を得るために，無停電電源装置か発電機等が必要となる。

市販の無停電電源装置は高価であり，今回は安価に作成しなければならないことを考慮し，自動車用蓄電池とインバータを用いることで72時間電力を維持させる。インバータの変換効率を70％として平均的に80Wを使用する場合，インバータ自身の消費電力も考慮し，約120Wの電力が毎時必要となる。12Vのバッテリで運用する場合，毎時10A程度の電流が流れることになる。72時間の電力を供給する場合，720Ahが必要となる。バッテリの実効値を80％とした場合，900Ahのバッテリが必要となる。

2）発電機を使用する場合

発電機を用いる場合，燃料の保管を考え，カセットボンベ式の発電機を検

討する。現在カセットボンベが使える発電機は1機種であり，連続稼働時間が2時間程度でボンベを2本使用する。ノートパソコンとデジタル簡易無線のバッテリを併用し，発電機で2時間，バッテリで1時間使用するとして，24回カセットボンベを交換する。1回あたり2本使用するため，48本のカセットボンベが必要となる。

5 解決すべき課題

今回のシステムを構築するにあたり，いくつかの課題が存在する。
(1) デジタル簡易無線では1回の送信時間が5分以内に制限される
(2) TNCの入手
(3) 現行OSでのAX.25の安定動作
(4) 総務省東海総合通信局に実験局の申請を行う必要がある

(1)は法律上の制限のため，必ず守らなければならない。(2)は現在TNCを入手することが難しい反面，サウンドボードを用いたソフトウェアTNCが存在しているが，動作については未確認の部分が多い。(3)も現行OS上での動作については未確認の部分が多い。(4)は，そもそもデジタル暗号化されているデジタル簡易無線の音声通信を用いて，さらにデータ通信を行うことが適切な運用かどうかを確認する必要がある。必要であれば実験を行うにあたり，総務省東海総合通信局に実験局の申請を行う必要がある。

半二重の無線機を用いたTCP/IP通信は90年代後半に多く使われたが，現在はD-STARを中心としたハイスピードな手段が使われている。しかし，D-STARを使用するには免許が必要であり，今回のシステムには使用できない。そのため，今回のシステムは古い手段を用いて通信をおこなうが，実際に構築してみなければわからない問題も多く残っており，今後継続して検討する必要がある。

第 5 節　今後の展望と課題

以上に挙げたシステムについて，今後は以下の研究を行う必要がある。

1　システムの設計と実装

システムについては，ハードウェアとソフトウェアの両面について開発を行う必要がある。

ハードウェアの側面からは，デジタル簡易無線の機種選定と，TNC の実装が必要となる。TNC はソフトウェア TNC を用いることが現実的であるが，その際にサウンドカードからの音声を良好に伝達可能な機種を，試験を行い確認した上で選定する必要があるだろう。TNC は，実装初期においては PC を用いたものになるが，最終的には USB 接続コード内にモデムとして実装することが望ましい。

ソフトウェアの側面からは，PC 上で安否確認情報を入力し，USB 経由で TNC に出力可能なプログラムを作成する必要がある。これについても実装初期においては PC 上での実行になるが，最終的には USB 接続コード内に実装され，接続とともに自動起動されるような形になることが望ましい。

2　通信機能の実証

実証版のシステムが実装された時点で，通信品質についての実証実験を行う必要がある。

送信出力 5 W のデジタル簡易無線では，市街地では最大半径 1 km，郊外では最大半径 4 km の電波到達距離を持つとされる[4]。さらに，デジタル簡易無線機は外装アンテナを接続することが許可されているために，機種と条件によっては 10 km 先まで交信できたという実験結果も存在する[5]。大規模災害時には，停電等で強力な通信用電波および電力回線等からの雑電波が停波することにより，さらに電波の到達条件は良好になると考えられる。一方

で，送信出力5Wを保つことはバッテリの減少を早めてしまうために，できるだけ小電力での出力を試みる必要がある。

　また，メーカー等で想定している電波の到達距離は，あくまで音声通信を行うことが可能な限界である。本システムの場合には，デジタルデータを音声に変換して通信する方式を取るために，ノイズによる誤信号の増加などにより，音声通信とは異なる到達距離を持つ可能性が高い。一方で，ソフトウェア的に誤信号の訂正を行うことにより，到達距離が伸びる可能性もある。

　以上のような，様々な可能性を考慮し，また大規模災害時とは異なる電波雑音源の多い環境であることも加味し，実験計画法に基づいた交信実験を行うことにより通信品質の確認をすることが必要であると考えられる。具体的には，瑞穂市内のシステム設置場所と想定される複数の地点間（例えば朝日大学と瑞穂市役所穂積庁舎および巣南庁舎，路上，実験参加者の個人宅等）において，送信出力の条件を変えながら，システム上で交換される情報のエラーの頻度等を測定することが必要である。さらに，通信拠点と目される場所（市内のできるだけ高所で，無停電電源が設置可能な地点など）に固定式の外装アンテナを設置するなどして，効果を測定することが必要である。

3　防災訓練を通じた実用性の検証

　以上の機械的な実証実験が終了した後に，防災訓練を行うことにより，システムが想定された役割を果たすかどうかという実用性を検証する必要がある。市内の複数地点において，事前に用意された安否確認情報をシステムに入力するだけではなく，想定外の人員の情報が増加した場合に対応できるかどうか（人間による入力の問題，データが漏れなく拠点間で共有されるかどうかの問題など）について検証する必要がある。そのためには，例えば瑞穂市の防災訓練などの機会に，システムの実証が行えるよう参加するべきである。それにより，本システムは瑞穂市発の実証性が確認された新しい安否確認システムとして確立し，岐阜県内の自治体や，日本各地への適用を進めることが可能になるだろう。

注

1）現在，断層を直接観察可能な施設である「本巣市立根尾谷地震断層観察館（本巣市根尾水鳥 512 番地）」が存在している。
2）DIG の実際の進め方については，固定されたマニュアルに基づくものではなく，各地域や想定される災害，参加者の特性などによって，様々なものが考えられる。本章では，岐阜県が公表しているマニュアル
（http://www.pref.gifu.lg.jp/bosai-bohan/bosai/bosaitaisei/jishu-soshiki/dig.data/24tebiki.pdf）を参考にしながら，防災士である筆者の 1 名（畦地）の受けた訓練を元にして，瑞穂市域における DIG を実施した。
3）「モバイルレポート issue 17：携帯電話と災害」（株式会社ネプロジャパン／平成 17 年 1 月 7 日）（http://files.nepro.jp/jp/mobile/pdf/17.pdf）による。なお，本調査は携帯電話ユーザーを対象に，携帯電話会社 3 者の携帯電話上からアクセスできる公式サイトの懸賞によるもので，有効回答数は 5666 人，性比は男性 41％，女性 59％である。想定されている災害は，調査年（2004 年）に発生した新潟県中越地震および台風などである。
4）例えば，デジタル簡易無線機の代表的メーカーである八重洲無線の FAQ による（http://www.yaesu.com/jp/dt_index/faq01.html）。

引用・参考文献

a．和文文献
・朝日新聞社「災害大国・迫る危機　日本列島ハザードマップ」朝日新聞社，東京，2013。
・片田敏孝「人が死なない防災」集英社，東京，2013。

b．Web サイト
［1］災害教訓の継承に関する専門調査会報告書　平成 18 年 3 月 1891 濃尾地震，総務省，2006。
（http://www.bousai.go.jp/kyoiku/kyokun/kyoukunnokeishou/rep/1891--noubiJISHIN/）
［2］岐阜県避難所運営ガイドライン，岐阜県，2011。
（http://www.pref.gifu.lg.jp/bosai-bohan/bosai/bosai-oyakudachi-joho/hinanjyo-gaidorain.data/hinanjyo-gaidorain.pdf）
［3］東日本大震災における情報通信の状況，平成 23 年度版情報通信白書，pp. 2-11，総務省，2011。
（http://www.soumu.go.jp/johotsusintokei/whitepaper/ja/h23/pdf/n0010000.pdf）
［4］災害時における情報通信の在り方に関する調査結果　最終とりまとめ，株式会社三菱総合研究所，2012。
（http://www.soumu.go.jp/main_content/000150126.pdf）

［5］IC-DPR5 交信距離テストやってみました！, アマチュア無線・広帯域受信機（レシーバー）・トランシーバー業界 NEWS（ニュース）by CQ オーム, CQ オーム株式会社, 2010。
(http://cqtopix.blog81.fc2.com/blog-entry-440.html)

〔曽我部雄樹, 畦地真太郎〕

第 8 章

かきりんしってる？
──瑞穂市イベント会場での市政広報への意識調査──

　本章は，瑞穂市のキャラクターである"かきりん"のイメージ調査の結果を紹介する。この調査では，かきりんの市民への定着やシンボルとしての市内外への訴求力を検討した。同時に，瑞穂市による情報発信に対して，市内外の住民が何を求めているのかという点についても分析した。

　結果として，①かきりんは全般的に好意を持たれているものの，②市外住民に対する訴求力は弱く，③その差はメディア戦略の弱さに因る，ということが分かった。形態素解析による自由回答の分析の結果，瑞穂市の広報に対しては内容面（①イベント情報，②医療・育児・防災情報）でのニーズの他，情報提供のあり方（③市の宣伝が足りない，④メディアの利用法が悪い）についての要望が見いだされた。

第 1 節　調査の概要

　瑞穂市では，2014 年度の事業として公式 Web サイト（以下，ホームページ）の改修を予定していた（2015 年 4 月現在，改修運用中）。その折に，市民が求める情報に，より便利に，より使いやすくアクセスできることを目途としている。

　この目途を達成するために，2013 年度中より，瑞穂市担当者と朝日大学教員の有志による，（仮称）「まちづくり勉強会」が発足し，研究を行ってきた。本調査は，その活動の中で「そもそも瑞穂市民が，①市からのどのような情報をどのように取得しているのか，②インターネットを通じてどのように取

図 8-1 イベント会場での"かきりん"
出典：著者撮影

得したいと思っているのか，の２点について実態を把握する必要がある」との議論に基づいて企画・実施された。

本論文では，調査結果の中でも，特に瑞穂市マスコットキャラクターである"かきりん"のイメージに関する結果について論述する。

1 かきりんと瑞穂市の概要

かきりんは，瑞穂市合併 10 周年を記念して，2012 年にリニューアルされた瑞穂市のマスコットキャラクターである[1]。富有柿発祥の地である瑞穂市特産品の柿をモチーフにしており，市内で開催されるイベントに出没したり（図8-1），市内産の関連商品に使用されたりしている。

瑞穂市は，岐阜県南部，濃尾平野の北西に，岐阜市と大垣市の間に挟まれて位置する市である[2]。2003 年 5 月に，旧本巣郡穂積町と巣南町が合併してできた市であり，人口約 5 万 5 千人の小都市である。旧穂積町には東海道本線穂積駅が存在し名古屋・岐阜のベッドタウンとして発展してきた一方で，旧巣南町は柿畑の多い田園地帯となり，農業生産力が高い。市内には，朝日大学および大学付属病院が所在する。

市の成り立ちから，旧来住民と新規住民，旧穂積町と旧巣南町との間において，住民間の交流が少なく，市としての一体的なイメージが存立しづらい

状況である。

2 地域イメージに関する先行研究

　地域イメージに関する研究には，様々な学問領域からのアプローチが為されている。例えば，認知心理学や建築学の立場から住民や来訪者がどのように空間把握をしているかを捉える研究（Lynch［1960］，Ellard［2009］）では，見通しやランドマークなどに注目した，認知地図に関連する表象形成についての研究が行われている。村落社会学による実践的・人間相互作用的な観点においては，地域に対する人の記述的な表象が中心テーマとされる（例えば寺岡［2003］）。

　主に都市・地域マーケティングの分野からは，地域住民がコミュニケーションを活発に行い，地域を活性化するためには，一定の地域イメージの共有が必要とされている。例えば，シビックプライド研究会［2008］においては，都市において共有された場のイメージが，住民の都市への誇り（シビックプライド）の形成に欠かせないとされている。都市で共有できるイメージを，共有空間やイベント，スローガンやアイコンで提示することが，シビックプライドを促進し，創造的な地域の活性化を促すと主張されている。

　これは，現象学的な立場から，場所性が人間存在の根幹を為していると説いた Relph［1976］の議論とも合致する。Relph によると，人は場所には①個人的なイメージ，②集団ないしコミュニティのイメージ，③共有意識・大衆的な場所のイメージの3種類があり，それぞれが異なる深度の"場所のアイデンティティ"に関連しているとする。場所のアイデンティティの育成と保全には，そのコミュニティが経験を通して創り上げた意味とイメージの存続が必要であると説いている。

　この方面から，地域イメージの有力な形成手法として注目されているのが，地域キャラクターの存在である。青木［2014］はブランド戦略の理論を援用しながら，（地域の）価値を伝えるためのシンボルとして，キャラクターを規定している。例えば現在，有力な地域キャラクターとして熊本県庁が企画し

た"くまモン"が挙げられるが，青木はくまモンの持つ弱い物語の力に注目し，物語性があることがキャラクターをシンボル化し，それにより地域の価値を生きた感情や精神を持って伝えられるようになると述べている。熊本県庁チームくまモン［2013］によると，くまモンは熊本県を宣伝・広報するために作られたキャラクターであり，当初は県民から「熊本には熊はいない」「ますます熊本が田舎だと思われる」との批判を浴びたということである。一方で，キャラクターが県外に浸透すると同時に，県内の様々な場に登場するようになると，一気に熊本のシンボルとしての地位を確立し，県民から愛されるようになったとされている。

　かきりんは，くまモンのように全国的なイメージ展開を狙ったキャラクターではない。一方で，地域イベントや，保育園・幼稚園・小学校などの教育現場には参加する，地域にとっては馴染み深いキャラクターとなる可能性を持った活動をしている。本研究では，かきりんがどの程度，どのように住民に知られているのかを検証することにより，将来的に地域住民の統合のシンボルとなるキャラクターになり得るのかどうかを探求していきたい。

3　調査概要

　以上の背景により，本研究では，かきりんが町内外の住民によりどのようなイメージを持たれているのかについて，探索的な調査を行った。さらに，瑞穂市の市政広報や宣伝のあり方について，住民がどのような意見を持つのかを知るために，自由回答をテキストマイニングにより分析する試みも行った。

第2節　方法

　調査は，構造化インタビューの方法で行われた。これは，あらかじめ定められた質問項目に関して，インタビュアーが回答者に1問ずつ回答を求める調査方式である。この方法を用いることにより，調査に慣れていない一般市

図 8-2　調査実施状況
出典：筆者撮影

民からも，円滑なデータを採集することが可能であると判断した。

調査は3回に分けて行われた。いずれの調査においても，訓練された朝日大学法学部の学生をインタビュアーとした。インタビュアーは，のべ10名である。

3回の調査の時期と概要は，以下の通りである。

・第1回調査：2013年10月17日（木）14：00-17：00

朝日大学事務局の許可を得て，朝日大学穂積キャンパスに勤務する職員を対象に「職員用」質問紙による調査を行った。

・第2回調査：2013年10月19日（土）14：00-16：00

朝日大学大学祭（朝日祭）の企画の一環として，来客者に対して「一般用」質問紙による調査を行った。

・第3回調査：2013年11月2日（土）13：30-16：30

瑞穂市の協力を得て，みずほふれあいフェスタ2013の来客者に対して「一般用」質問紙による調査を行った（図8-2）。

なお，第2回調査と第3回調査においては，かきりんの実物キャラクターが調査の宣伝を行い，回答者は実物を目前に回答を行っている。

第3節　質問紙

質問紙にはA「朝日大学職員用」とB「一般市民用」との2種類がある。「朝日大学職員用」は，朝日大学教職員を対象としたものであり，「一般市民用」から，瑞穂市のイメージキャラクター"かきりん"に関する項目（「2-2. かきりんのイメージに関する項目」）を省いたものである。なお，「一般市民用」の質問項目のみを，付録に添付する。

質問項目は，大きく分けると①「回答者の属性を測定する項目（質問1.）」，②「かきりんのイメージに関する項目（質問2.―質問4.）」，③「瑞穂市が情報発信するメディアに関する項目（質問5.）」，④「瑞穂市について知りたい情報（質問6.）」，⑤「瑞穂市のホームページを見る状況（質問7.）」，⑥「インターネットを使用する際の機器（質問8.）」となっている。また，回答者の属性については，調査を実施したインタビュアー（「3. 方法」参照）による見立てにより採集された。

質問項目は適宜回答者に見せながらも，インタビュアーにより回答を回収するために，回答者に対する指示ではなく，インタビュアーに対する指示の形式を取っている。

なお，本論文では，かきりんのイメージについては，「一般市民用」質問紙を用いた第2回・第3回調査でのデータのみ分析した。「朝日大学職員用」質問紙を用いた第1回調査のデータは，自由回答の分析にのみ用いている。

また，本論文では③「瑞穂市が情報発信するメディアに関する項目（質問5.）」および⑥「インターネットを使用する際の機器（質問8.）」についての分析は行わないために，次の項目での説明を省く。

1　回答者の属性を測定する項目

質問1.「今日はどちらからお越しになりましたか？　お住まいはどちらですか？」は，回答者が瑞穂市民であるか，他市町村に在住なのかを弁別す

るために設けた。回答者には「市内」「市外」を選択してもらい，「市外」の場合には具体的な市町村名を尋ねた。

調査は瑞穂市内で行われたが，瑞穂市外在住者も瑞穂市内に勤務またはイベント参加する可能性があるためである。さらに，瑞穂市内外の在住者によって，求める情報や使用するメディアに差があるかどうかを調査するために設けたものである。

2　かきりんのイメージに関する項目

この項目は「朝日大学職員用」には存在しない。

質問2.「かきりんをご存じでしたか？」では，かきりんの認知率を測定する。回答者には，選択肢「はい」「いいえ」のうち，1つを選択してもらう。

質問3.「かきりんは，かわいいと思いますか？　かわいさを100点満点で表すとすると，何点？」では，かきりんに対する好意度を測定する。かきりんのかわいさについての判断を，100点満点に換算して回答してもらう。なお，この質問は，「2-3. 瑞穂市が情報発信するメディアに関する項目」の質問5-1.，質問5-2. と同型式の設問である。

質問4.「かきりんをどこで見たことがありますか？　今目の前にいる，かきりん以外について，当てはまるものをそれぞれ一つずつお答えください。」は，かきりんの情報が取得されるメディアに関する質問である。「1）実物」「2）広報みずほ」「3）ホームページ」「4）ポスター」のそれぞれに対して，「よく見る」「たまに見る」「あまり見ない」「見ない」の4つの選択肢から1つを選択してもらう。なお，この質問は，「2-3. 瑞穂市が情報発信するメディアに関する項目」の質問5. と同型式の設問である。

3　瑞穂市について知りたい情報

質問6.「瑞穂市について，困っていることや気になっていることは何ですか？　その他，瑞穂市について知りたい情報があったら，何でも教えてください。」は，瑞穂市が発信する情報として求められているものを知るための項

目である．調査趣旨からは，ホームページから得られる情報に限定するのが適切かとも思われたが，ホームページを利用しない回答者も想定し，範囲を広く取った．一方でインタビュアーに対しては，できるだけホームページを通じて欲しい情報に誘導するよう指示を行った．

4　瑞穂市のホームページを見る状況

　質問7.「あなたは，どんな時に瑞穂市のホームページを見て情報を得ようとしますか？」は，回答者が瑞穂市のホームページを見る状況を知るための項目である．インタビュアーには，災害時等の緊急事態を例として挙げるように指示したが，それに限定されず，広い範囲の回答を求めるようにした．

第4節　回答者概要

　3回の調査での回答者は，78名であった．うち，「職員用」質問紙への回答者は36名，「一般用」質問紙への回答者は42名である．

1　居住地の市内外

　質問1.「今日はどちらからお越しになりましたか？　お住まいはどちらですか？」への回答結果は，「市内」38名（48.7％），「市外」40名（51.3％）であった．

2　回答者の性比

　今回の調査では，回答者の性別を直接問う質問項目はなく，インタビュアーの見立てによるものであるために，結果は不正確なものである．また，家族連れなど複数者による回答についても，代表的な回答者の性が記されたり，「不明」とされたものがある．それらの前提の元に結果を表示すると，「男性」23名（29.5％），「女性」41名（52.6％），「不明」14名（17.9％）であった．

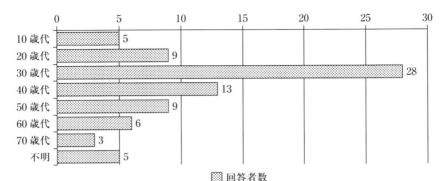

図 8-3 回答者の年代
出典：筆者作成

3 回答者の年代

回答者の年代についても，回答者の性別と同様に，インタビュアーの見立てによって得られたデータである。結果は，**図 8-3** に示す通りである。「10歳代 (子供も含む)」5 名 (6.4%)，「20 歳代」9 名 (11.5%)，「30 歳代」28 名 (35.9%)，「40 歳代」13 名 (16.7%)，「50 歳代」9 名 (11.5%)，「60 歳代」6 名 (7.7%)，「70 歳代」3 名 (3.8%)，「不明」5 名 (6.4%) である。

第 5 節　かきりんのイメージ

第 2 回調査・第 3 回調査において，イベント参加者に対して，かきりんのイメージを問う質問を行った。この節では，結果について分析する。

1 かきりんの認知率と好意度

質問 2.「かきりんをご存じでしたか？」に対する回答は，「知っていた」30 名 (71.4%)，「知らない」12 名 (28.6%) であった。

質問 3.「かきりんは，かわいいと思いますか？　かわいさを 100 点満点で表すとすると，何点？」についての平均点は 89.86 点 (標準偏差 14.039) であっ

176　第8章　かきりんしってる？

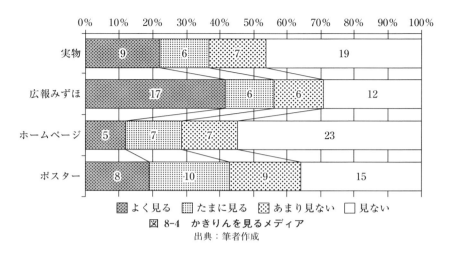

図 8-4　かきりんを見るメディア
出典：筆者作成

た。
　以上の結果より，かきりんは（少なくともイベントに訪れた回答者には）よく知られ，好意を持たれているということができる。

2　かきりんを認知したメディア

　質問4．「かきりんをどこで見たことがありますか？　今目の前にいる，かきりん以外について，当てはまるものをそれぞれ一つずつお答えください。」に対しての回答を図8-4に示す。「よく見る」と「たまに見る」を合わせた回答者の割合を，そのメディアから情報を得ている回答者の割合と考える。グラフからは，かきりんをよく見るメディアは「広報みずほ」「ポスター」「実物」「ホームページ」の順となっていることが分かる。

3　回答者居住地（市内・市外）による評価の違い

　質問3．および質問4．は，回答者の居住地が市内・市外であることにより影響を受けると考えられる。
　質問3．については，分散分析により市内居住者と市外居住者により，か

第 5 節　かきりんのイメージ　177

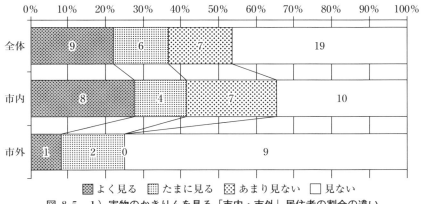

図 8-5　1) 実物のかきりんを見る「市内・市外」居住者の割合の違い
出典：筆者作成

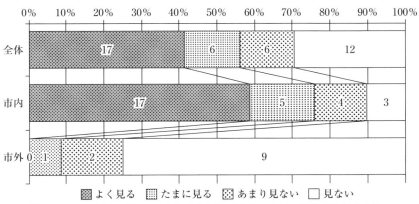

図 8-6　2) 広報みずほでかきりんを見る「市内・市外」居住者の割合の違い
出典：筆者作成

きりんに対する好意度の点数に差があるかどうかを調べた。その結果，市内居住者の平均点は 91.20 点（標準偏差 12.978），市外居住者の平均点は 86.50 点（標準偏差 16.534）であるが，統計的に有意な差があるとは言えなかった（$F(1, 40) = .960$, $p = .333$）。市外居住者による好意度がやや低いように見えるが，標準偏差の大きさを考慮すると，これは一部の回答者が低い得点を回答したこ

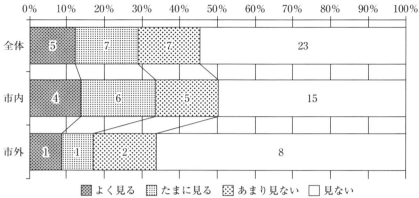

図 8-7　3）ホームページでかきりんを見る「市内・市外」居住者の割合の違い
出典：筆者作成

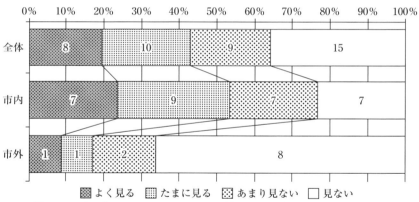

図 8-8　4）ポスターでかきりんを見る「市内・市外」居住者の割合の違い
出典：筆者作成

とによると考えられる。

　質問 4. についての結果を，図 8-5〜図 8-8 に示す。

　実物のかきりんを見る機会については，市民と市外住民で差が見られた。市民の方が，市外居住者よりも，実物のかきりんを見る割合が多い。インタビュアーによるメモなどによると，市民は保育園や幼稚園，イベントなどで，

実物のかきりんに接する機会が多いようである。

　広報みずほでかきりんを見る機会については，市民と市外住民で大きな差が見られた。市外住民は，ほとんどかきりんを広報みずほを通じて見ていない。これは，広報みずほは基本的に瑞穂市民を対象に配布されている印刷物であることによると考えられる。

　ホームページでかきりんを見る機会については，市民と市外住民で大きな差が見られた。ホームページは市外からでも参照可能であり，アクセス自体の割合は市外住民の方が若干高い。このことは，市外住民にとってホームページにアクセスしても，かきりんは目に留まっておらず覚えてられてもいない（認知率が低い）ということを意味している。瑞穂市はより積極的・効果的にホームページを用い，かきりんのみならず市自体の認知率とイメージの向上を図る宣伝活動を行うべきであると考えられる。

　ポスターでかきりんを見る機会については，市民と市外住民で大きな差が見られた。市外住民は，ほとんどかきりんをポスターを通じて見ていない。市外住民は大きく分けると，①瑞穂市内に勤務している，②公共施設やイベントを目的として市内で活動している，の2種類が存在すると思われる。①については，ポスターの設置してある公共施設に出入りする機会自体が少ないのかもしれないが，②については，必ずポスターを目にしているはずである。にもかかわらず，市外居住者による認知率が低いということは，ホームページの場合と同様に，市の宣伝戦略に何らかの改善が必要ではないかと述べることができる。

第6節　自由回答の分析について

　質問6.「瑞穂市について，困っていることや気になっていることは何ですか？　その他，瑞穂市について知りたい情報があったら，何でも教えてください。」，質問7.「あなたは，どんな時に瑞穂市のホームページを見て情報を得ようとしますか？」に対しての回答，およびインタビュアーの各回答者に

180　第 8 章　かきりんしってる？

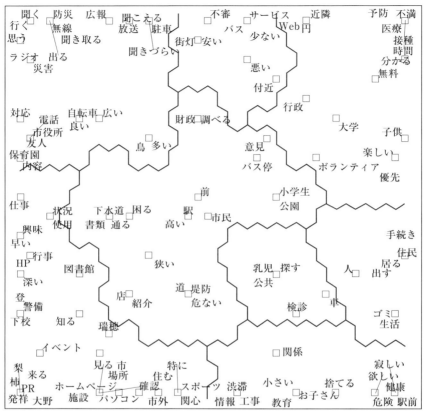

図 8-9　自己組織化図による整理
出典：筆者作成

ついての印象の自由記述を元にして，回答者が瑞穂市に求めている情報を分析した。

　分析手法は，次の通りである。まず，回答及び自由記述（日本語）に形態素解析を行った。形態素解析とは，日本語の文法と辞書に従って，文章中にある意味のある単語（てにをは以外）を抽出する手法である。同時に，ある文章中に表れた単語が，他のどの単語とセットになりやすいかを調べるために，クラスター分析を行った。以上の手順は，フリーソフト KH Coder[3]を用い

て行った。

　結果は，**図 8-9** に示す通りである。分析の結果を整理し，必要に応じて元データの回答・記述を参照しながら考察すると，回答者が瑞穂市に求めている情報には，以下の 4 点の特徴があることが分かった。

1　イベントや施設利用についての情報を求めている

　これは，主にデータを採集したのが，みずほふれあいフェスタおよび朝日祭であったことによると考えられる。特に市外の人間にとっては，図書館情報やスポーツイベントの情報などを，積極的にホームページで提供してほしいという意見が見られた。

2　医療情報，育児情報，防災に関する情報を求めている

　これは，回答者の多くが 30-40 歳代であり，イベントでは家族連れから多く回答があったことによると考えられる。特に子供の保健検診や予防接種についてのこまめな情報提供をホームページで知りたいとする意見が見られた。

　また，住民としては生活の安全を守るために，防災に関する情報を求めるのが必然である。特に，東日本大震災の記憶が新しく，東海・東南海地震の危険が叫ばれているだけに，住民の関心は高い。一方で，瑞穂市は長良川・揖斐川という大河川に挟まれた地域にあるために，大降雨（河川水位）と洪水に関する情報を求める声もあった。

3　市の宣伝に対する考え

　ホームページによる瑞穂市の宣伝が少ないとする意見が見られた。特に，富有柿の原産地について，近隣の町のサイトの方が立派であるため，本家を取られているのではないかというような意見もあった。

4　情報提供メディアについての考え

質問5．では，多くの回答者が「よく聞く」「たまに聞く」と回答した「行政防災無線（野外放送）」であるが，「聞き取りにくい」「何を言っているのか分からない」という意見が散見された。中には「災害の時に本当に役に立つのか疑問」「インターネットで同時に情報発信してほしい」などの意見もあった。一方で「インターネットは，お年寄りには使いにくいために，災害時にはラジオによる情報提供の方が効果的なのではないか」などという意見も見られた。

第7節　論議と提言

本調査の結果の解釈については慎重さが必要であるものの，調査目的はある程度達成できたものと考えられる。

本調査の結果は，調査の制限により，完全に一般化できるものではない。本調査の回答者は，朝日大学職員およびイベント会場に集まった者であり，無作為抽出されたものではない。そのため，回答には偏向が生じている可能性がある。より精確な調査結果を求める場合は，市内世帯を対象とした無作為抽出による社会調査を行う必要があるだろう。

一方で，本調査の結果は，一定の傾向を示しているということができる。瑞穂市域で活動する者を対象にした，どのようなメディアを通じて市からの情報を入手しているのかということに関する調査は少なく，特に市内外の住民間の比較と，世代間の比較を行った調査は類例がない。

本調査の結果をまとめると，以下の3点が提言できる。

1　瑞穂市自身の効果的な宣伝を考えるべきである

ホームページにおいて富有柿の情報が（他町に比べて）充実していなかったり，市のマスコットキャラクターである，かきりんが，ホームページを通じて市外住民に充分にアピールされていない現状がある。このことは，瑞穂市

の魅力や強みを十分に発信できていないという意味になると考えられ，またそれに対する市民の不満も散見される。瑞穂市の良さを共有することが，市民の一体感を増し，より良いまちづくりの礎となるために重要であると考えられる。

2　情報取得者の求める情報の発信

　瑞穂市の情報取得者はホームページを通じて，①イベントや施設の情報，②医療情報や育児および防災に関するきめ細かい情報の取得を求めている。主に①については市内外住民に共通する，②については市内住民のニーズであると考えられる。これらのニーズを把握した上での，ホームページの効果的な運用が求められる。

3　情報提供メディアの刷新

　本調査結果のうち，自由回答の分析では「行政防災無線（野外放送）」が聞き取りにくいという強い意見が散見された。行政防災無線は災害発生時における重要なメディアではあるが，一方で情報の内容と音声の質に不満を持つ者も多い。例えばホームページやラジオなどを通じて，マルチチャンネルでの情報提供が必要ではないだろうか。そのことが，災害発生時の情報の途絶や混乱に対して対応するための方策の一つになると考えられる。

4　結論

　以上の提言を踏まえて，瑞穂市のホームページ改修が進められることにより，瑞穂市民および瑞穂市に興味を持つものに対して，より効果的な情報発信が可能になるものと考えられる。そのことにより，瑞穂市は市民サービスを改善することができると共に，市民の一体感を増すと同時に，市外への存在価値を高めることが可能になると期待される。

　提言の3を踏まえ，瑞穂市では2014年度の事業を待たず，既に行政防災無線の内容を放送と同時にホームページ上に掲載する試みを開始している。大

学が設置されている小さな地方都市における研究と市政の連携という意義において，この対応は望ましいものであると考えられる。
　一方で，提言の1については，かきりんは「ゆるキャラグランプリ2014」にもエントリーしていないなど，内向きな活動の域を脱していない。かきりんの存在意義は，くまモンとは異なるが，市民の地域アピールや地域統合に対するニーズを受け入れ，活動の改善をしていく必要があるのではないだろうか。

謝辞
　本章は，瑞穂市への報告書「瑞穂市の発信する情報に関するメディア認知についての調査」の一部を学術論文として加筆・再構成したものを，瑞穂市の許可を得て公表するものである。調査への協力と公表の許可を与えてくださった瑞穂市に感謝する。
　本章は，2013年度朝日大学国内研修員派遣制度（畦地真太郎「タブレット端末を用いて地域表象の地域内外差を測定する手法の確立と観光振興への応用」）の成果の一部である。畦地を国内研修に派遣くださった学校法人朝日大学に感謝する。
　調査実施にご協力いただいた朝日大学法学部の学生諸氏と瑞穂市職員の皆様方，回答にご協力いただいた朝日大学職員と各イベントにご参加くださった方々に，深謝の意を述べる。
　本研究は，形態素解析およびテキストマイニングのために，樋口耕一（立命館大学産業社会学部准教授）氏が開発した分析ソフト・KH Coderを利用した。謹んで感謝の意を表する。

引用・参考文献

a．欧文文献
- Ellard, C., You Are Here；Why We Can Find Our Way to the Moon, but Get Lost in the Mall., Doubleday, NY, 2009.（渡会圭子（訳），『イマココ；渡り鳥からグーグル・アースまで，空間認知の科学』，2010，早川書房，東京。）
- Lynch, K., The Image of The City, Harvard University Press, Massachusetts, 1960.（丹下健三ら（訳），『都市のイメージ　新装版』，2007，岩波書店，東京。）
- Relph, E., Place and Placelessness, Pion Limited, London, 1976.（高野岳彦ら（訳），『場所の現象学（文庫版）』，1999，筑摩書房，東京。）

b．和文文献
・青木貞茂，キャラクター・パワー，NHK 出版，東京，2014。
・熊本県庁チームくまモン，くまモンの秘密―地方公務員集団が起こしたサプライズ，幻冬舎，東京，2013。
・シビックプライド研究会（編），シビックプライド―都市のコミュニケーションをデザインする，宣伝会議，東京，2008。
・寺岡伸悟，地域表象過程と人間：地域社会の現在と新しい視座，行路社，京都，2003。

c．Web サイト
[1] 瑞穂市，瑞穂市マスコットキャラクター　かきりん。
　（http://www.city.mizuho.lg.jp/mizuho/gaiyou/symbol/p-7575.html）
[2] 瑞穂市，瑞穂市。
　（http://www.city.mizuho.lg.jp/）
[3] 樋口耕一，KH Coder Index Page.
　（http://khc.sourceforge.net/）

第 8 章 かきりんしってる？

付録：質問紙「一般市民用」

　このアンケートは，瑞穂市が市民の皆様へのお知らせを，どのようにしたら分かりやすくお伝えできるかを調べるために行うものです．瑞穂市と朝日大学による共同調査で，私たち学生がお手伝いをしています．調査時間は5分程度です．些少ですが，御礼のプレゼントも差し上げますので，どうぞご協力をお願いいたします．

質問 1. 今日はどちらからお越しになりましたか？お住まいはどちらですか？
　　　　瑞穂市内　　　　瑞穂市外（具体的に：　　　　　　　　　　　　　　）

質問 2. かきりんをご存じでしたか？
　　　　知っていた　　　　　　知らない

質問 3. かきりんは，かわいいと思いますか？かわいさを100点満点で表すとすると，何点？
　　　　（　　　　　　　　　）点

質問 4. かきりんをどこで見たことがありますか？今目の前にいる"かきりん"以外について，当てはまるものをそれぞれ一つずつお答えください．

1) 実物
　　　　よく見る　たまに見る　　　あまり見ない　　　見ない
2) 広報みずほ
　　　　よく見る　たまに見る　　　あまり見ない　　　見ない
3) ホームページ
　　　　よく見る　たまに見る　　　あまり見ない　　　見ない
4) ポスター
　　　　よく見る　たまに見る　　　あまり見ない　　　見ない

質問 5. 瑞穂市からのお知らせを，どうやって知りますか？あてはまるものを全て教えてください．

1) 口コミ
　　　　よく聞く　たまに聞く　　　あまり聞かない　　　聞かない
2) 広報みずほ
　　　　よく見る　たまに見る　　　あまり見ない　　　見ない
3) ホームページ
　　　　よく見る　たまに見る　　　あまり見ない　　　見ない
4) ポスター
　　　　よく見る　たまに見る　　　あまり見ない　　　見ない
5) ラジオ
　　　　よく聞く　たまに聞く　　　あまり聞かない　　　聞かない

6) 防災行政無線（野外放送）
　　　よく聞く　　たまに聞く　　　　あまり聞かない　　　聞かない

→質問 5. の 3)「ホームページ」で,「よく見る」「たまに見る」と回答した人にだけ,以下の質問をする.

質問 5-1. 瑞穂市のホームページについて,あなたはどのように感じますか？それぞれの項目について,100 点満点で点数をつけてください.
　　① 見た目のデザインの良さ（　　）点
　　② 知りたい情報がどこにあるか,すぐわかる（　　）点
　　③ 情報の内容の分かりやすさ（　　）点
　　④ 今のホームページの満足度（　　）点

質問 5-2. 瑞穂市のホームページは来年度中にリニューアルします.もし,スマートフォンで見られるようになったら,あなたはどう思いますか？それぞれの項目について,100 点満点で点数をつけてください.（変わらない場合は 0 点）
　　① 今までよりも見に行くようになる（　　）点
　　② 今までよりも便利になると思う（　　）点
　　③ 今までよりも見やすくなると思う（　　）点

質問 6. 瑞穂市について,困っていることや気になっていることは何ですか？その他,瑞穂市について知りたい情報があったら,何でも教えてください.

質問 7. あなたは,どんな時に瑞穂市のホームページを見て情報を得ようとしますか？

質問 8. 最後に,あなたがインターネットをする時に主に使う機器を,順番をつけて教えてください.
　　① 使わない　② パソコン　③ 携帯電話　④ タブレット　⑤ スマートフォン

（属性）調査者が見立てて記述すること
性別
年代　20 歳以下,20 歳代,30 歳代,40 歳代,50 歳代,60 歳代,70 歳以上
何人連れか？　1 人？何人？友人？家族？夫婦？回答者以外の人の性別年齢等
調査者が気づいたこと

（畦地真太郎,髙梨文彦,曽我部雄樹,中村　良）

編著者紹介（執筆順）

畦地真太郎（あぜち　しんたろう）　　　　第1章, 第7章, 第8章
　朝日大学経営学部
　ビジネス企画学科教授
加藤　里美（かとう　さとみ）　　　　　　第2章
　愛知工業大学経営学部教授
大濱賢一朗（おおはま　けんいちろう）　　第3章
　名古屋外国語大学現代国際学部
　国際ビジネス学科准教授
土井　義夫（どい　よしお）　　　　　　　第4章
　朝日大学経営学部経営学科准教授
米田　真理（よねだ　まり）　　　　　　　第5章
　朝日大学経営学部経営学科准教授
中垣　勝臣（なかがき　かつおみ）　　　　第6章
　朝日大学経営学部経営学科講師
曽我部雄樹（そかべ　ゆうき）　　　　　　第7章, 第8章
　朝日大学経営学部
　ビジネス企画学科講師
髙梨　文彦（たかなし　ふみひこ）　　　　第8章
　朝日大学法学部法学科講師
中村　　良（なかむら　りょう）　　　　　第8章
　朝日大学法学部法学科准教授

朝日大学産業情報研究所叢書12
地域アイデンティティを鍛える
――観光・物流・防災――

2015年8月30日　第1刷発行

編著者	畦　地　真　太　郎
	米　田　真　理
	中　垣　勝　臣
発行者	阿　部　成　一

〒162-0041　東京都新宿区早稲田鶴巻町514番地
発行所　　株式会社　成文堂
電話　03(3203)9201(代)　Fax(3203)9206
http://www.seibundoh.co.jp

製版・印刷　三報社印刷　　　製本　佐抜製本
© 2015　畦地・米田・中垣　　Printed in Japan
☆乱丁・落丁本はおとりかえいたします☆
ISBN 978-4-7923-5065-9　C 3034　　検印省略

定価（本体3000円＋税）

朝日大学産業情報研究所叢書

1 グローバル化時代の地場産業と企業経営
　　吉田良生編

2 情報社会の光と影
　　吉田良生・富川国広・和泉　潤編

3 地球環境と企業行動
　　地代憲弘編

4 ITが地域を変えていく
　　大野典子・和泉　潤編

5 ベンチャー企業と産業振興
　　　―「スイートバレー」と「情場」へのアプローチ―
　　丹下博文編

6 環境経営論の構築
　　長岡　正編

7 岐阜アパレル産地の形成
　　　―証言集・孵卵器としてのハルピン街―
　　荻久保嘉章・根岸秀行編

8 市民・企業・行政の協働による創造的地域づくり
　　吉田良生・服部徳秀・中垣勝臣・荻久保嘉章編

9 産業情報社会
　　　―その変遷と展望―
　　荻久保嘉章編

10 全球化社会の深化
　　　―異文化をめぐる化合・還元・触媒―
　　加藤里美・中垣勝臣編

11 地域物流市場の動向と展望
　　忍田和良・土井義夫編著

12 地域アイデンティティを鍛える
　　　―観光・物流・防災―
　　畦地真太郎・米田真理・中垣勝臣編著